O DESPERTAR DO NEGOCIADOR HUMANO

Ilumine sua mente, escute seu coração e enriqueça

Rogerio Ribeiro

O DESPERTAR DO NEGOCIADOR HUMANO

Ilumine sua mente, escute seu coração e enriqueça

novo século

São Paulo 2008

Produção Editorial	Equipe Novo Século
Capa	Reinaldo Feurhuber
Projeto Gráfico e Composição	Souza Franco Comunicação
Revisão	Josias Aparecido Andrade
	Patricia Murari

Dados Internacionais de Catalogação na Publicação (CIP)
(Câmara Brasileira do Livro, SP, Brasil)

Ribeiro, Rogerio
O despertar do negociador humano : ilumine sua mente, escute seu coração e enriqueça / Rogerio Ribeiro. -- Osasco, SP : Novo Século Editora, 2008.

1. Negociação 2. Planejamento estratégico
3. Sucesso 4. Sucesso em negócios I. Título.

08-06695 CDD-650.1

Índices para catálogo sistemático:
1. Sucesso em negócios : Administração de empresas 650.1

Impresso no Brasil
Printed in Brazil

Rua Aurora Soares Barbosa, 405— 2º andar
CEP 06023-010 — Osasco — SP
Fone (11) 3699-7107 — Fax (11) 3699-7323
www.novoseculo.com.br
atendimento@novoseculo.com.br

São palavras simplórias, pois acredito na forma simples de se expressar, palavras que se tivesse eu e muitos que conheço tido ciência no início da jornada, teriam ajudado, e muito, na caminhada...

Rogerio Ribeiro

À minha avó, por tudo o que me ensinou e também pelo que não ensinou.

Agradecimentos

Em primeiro lugar agradeço a inteligência universal... esse mistério que chamamos de Deus, por me trazer as idéias aqui contidas.

Aos que me ouviram e acreditaram neste projeto desde o início... espero fazer jus à confiança em mim depositada.

Agradeço imensamente a equipe da Editora Novo Século, em especial ao Jonatan, Daniela e Silvia, bem como ao meu editor, Luiz Vasconcelos, e sua amável esposa.

Especialmente sou grato às pessoas que me "doaram" algumas horas-vida e leram meu original, contribuindo incomensuravelmente com suas opiniões. Pessoas como, Silmara Olívio, Sylvio Ferraz, Marcelo Zenni, Paula Canoletti e Cristina Hara.

Ao meu amigo Sérgio Costa, pelas noites e noites de exercício intelectual.

À minha assistente, Janaína Ferreira, pelo seu esforço e empenho ao longo de todo o projeto e por ter soluções criativas a todo o momento.

À Adliz Jamile, por ser a primeira pessoa a me incentivar incansavelmente a escrever, por ter sido minha digitadora, redatora, amiga e fiel leitora.

Aos vales e montanhas por onde andei, a todos os obstáculos que enfrentei e as pessoas mais inflexíveis e incoerentes com quem lidei.

"Se não fosse por vocês, esta obra não existiria."

A todos que de sua maneira contribuíram para a concretização desta idéia e ao Universo, por me dar a oportunidade de existir!

Sumário

Prefácio

Precisamos nos atentar para a necessidade de "despertar"! Precisamos fazer isso com a urgência de nossas almas a fim de não desperdiçarmos o que há de mais valioso na existência humana: a vida!

Temos andado conforme nossos pais, professores e doutrinadores nos ensinaram quando éramos crianças.

Seguimos posteriormente o que os mestres dos cursos universitários nos disseram que era o "correto", "certo" e "adequado".

Quando profissionais em ação seguimos o que o "mercado" nos afirmou ser o melhor.

Tornamo-nos competidores avassaladores, e aonde isso nos trouxe?

A maioria de nós ganha menos dinheiro do que gostaria ou merece, quase todos os seres humanos sentem-se muito mais "escravos" modernos do que parceiros de criação, transformação e trabalho, quase todos sonham com uma tranqüilidade financeira que parece inatingível.

Os que atingiram esta suposta "segurança", em sua maioria, "pagaram" um preço alto demais, não viram seus filhos crescerem, não presenciaram tantos pores-do-sol quanto gostariam e tiveram muito pouco tempo com a pessoa amada para saborear sua presença e, desta forma perderam a conexão com sua própria vida.

Temos um mundo cheio de tecnologia, dispomos de comodidades nunca antes imaginadas tanto no mundo corporativo, como na vida doméstica e nunca em outra época na história da espécie humana tivemos tantos recursos financeiros "circulando" por todos os cantos e em todas as nações.

Então por que temos mais pobres, mais doenças, mais guerras, mais injustiças sociais e menos oportunidades para a maioria?

Adentramos no século 21 com a mentalidade e as atitudes da Idade Média, ou seja: para eu "vencer" o meu semelhante precisa "perder".

Esta atitude tem gerado seres humanos frustrados, focados em um consumismo exacerbado, com a mente fechada para o novo e com um nível de angústia interna cada vez maior.

O resultado disso nos negócios não poderia ser mais desastroso, pois deixamos de ganhar o que merecemos, paramos de realizar os sonhos de grandes idéias e feitos, e perdemos quase que por completo o senso do que é ser humano!

A verdade é que nós, seres humanos, precisamos de "magia", entusiasmo e coração no que quer que façamos.

Precisamos nos livrar do pensamento competitivo para abrir espaço para o cooperativismo. É nesta nova atitude, neste novo jeito de pensar e agir que está o grande e verdadeiro "tesouro existencial" de cada um de nós.

É necessário, se quisermos enriquecer material e espiritualmente, "surfarmos a onda" da mudança... Precisamos transformar o "Capitalismo-Competitivo" em "Capitalismo-Cooperativo", somente assim geraremos mais riquezas, distribuiremos melhor e nos tornaremos seres humanos iluminados!

Não dá para iluminarmos nosso ser interior, expandir nossa consciência e valorizarmos a vida como um presente, encarando a tudo e a todos como adversários!

Precisamos do mistério da criação dentro de cada um de nós para encontrarmos a resposta para a pergunta que todos temos: qual o verdadeiro significado da vida humana na Terra e em especial a *sua*?

Se ansiamos e buscamos esta resposta, temos de estar abertos para o novo... o impensado o inimaginável...

Se queremos verdadeiramente esta resposta, precisamos "despertar" o negociador humano que habita em cada um de nós, levantar a cabeça, abrir o coração e seguir em frente rumo ao futuro... Dos negócios, do planeta e de nossa própria vida!

– I –

A Negociação Humana

> *Todo negociador tem como missão fazer o mundo melhor, e para isso desenvolve o exercício de pensar no outro, cliente, fornecedor, parceiro, ser humano, e isso nos traz resultados que transcendem ao imaginário.*

A principal característica do negociador humano é a percepção do outro à sua frente e a forma de conduzir todo o processo, pois tem a certeza do quanto é frágil e delicada esta relação e que por qualquer palavra mal colocada ou falta de atenção para com um tópico em discussão pode e colocará tudo a perder; esse "tudo" não é, claro, os recursos oriundos desta negociação específica, mas de toda a relação que está por nascer...

O negociador humano atém-se aos detalhes que são importantes para o ser humano cliente à sua frente e não apenas aos interesses das logomarcas envolvidas, entende as necessidades de seus clientes como se fossem suas próprias necessidades e solidariza-se com seus obstáculos.

Vê a negociação como uma relação de longo prazo e não apenas de uma forma imediata de "fabricar" dinheiro, sabe que se encarar as coisas desta forma estará trabalhando contra si próprio e diminuindo, na verdade, a possibilidade de qualquer ganho material.

A negociação humana se baseia em uma cumplicidade em prol de um objetivo comum, distancia-se muito da "vendenciação"[1] que pouco se importa com o depois.

1. Forma de vender um produto ou serviço cujo objetivo é apenas o lucro imediato.

Na negociação humana o pós-negócio é tão ou até mais importante que a fase de prospecção, é a partir do pós que surgirão outras possibilidades de negócios e parcerias; produtos e serviços que serão criados a partir desta relação e é deste e neste futuro que o negociador humano se atém e investe dia após dia, ano após ano.

O que o mundo atual dos negócios precisa é de grandes parcerias, já que recursos financeiros não faltam no mercado global, haja vista o tamanho do capital especulativo que "navega" de país em país à procura de oportunidades e por falta das mesmas não transformam nada, não realizam sonhos, é apenas uma "energia morta" pois nada realiza. O crescimento, cada vez maior deste tipo de negócio, mostra o quanto há por fazer, e tudo o que se precisa é de negociadores humanos que saibam estabelecer parcerias e transformar essa energia em algo concreto.

Porém, devemos manter sempre em nossa mente que ninguém investirá um níquel sequer em uma relação de toma-lá-da-cá. É muito pouco provável que esta forma de se fazer negócio, tão alardeada a partir do século XX, chegue à metade do XXI; é notória a preocupação das empresas com o formato a seguir, no entanto, todos estão olhando apenas para seus produtos, seus serviços e suas tecnologias empregadas em diversos processos, e quando olham para o ser humano, é na maioria das vezes com dois intuitos:

Primeiro: treiná-lo melhor de forma a continuar a cumprir e superar as metas!

Segundo: evitar questionamentos "desnecessários".

Quando agem desta forma "assassinam" a criatividade dentro de cada um de nós, e em vez de negociadores humanos, resumem seus colaboradores a simples funcionários *(aliás, este talvez seja um dos adjetivos que mais depreciem a capacidade intelectual de nós, seres humanos pensantes, resumidos a algo que simplesmente funcione!!!)*, um liquidificador funciona, um ar-condicionado funciona, um computador funciona, porém, um ser humano PENSA!!! E não apenas funciona!

O mais curioso é que as empresas contratam e investem milhões em executivos(as), em busca de alguém competente, criativo, com visão de futuro etc, e etc, mas continuam, apesar deste investimento, a tratá-los como "algo que funcione".

Se quisermos excelentes resultados, resultados que ultrapassem o imaginado, devemos abrir mão da velha forma de pensar, do velho *modus operandi*...

Não se pode escalar uma outra montanha ou encarar um novo desafio, se ficarmos com nossas cabeças no passado, não importa se temos tecnologia que nos possibilite falar com nossos escritórios em Marte ou na Lua; se agirmos com os nossos parceiros, clientes, fornecedores seres humanos, como se estivéssemos ainda em um regime feudal, de nada adiantará! Cabe a nós, negociadores humanos, nos apercebermos disso, nos apercebermos de como somos encarados em nossas organizações e ao identificarmos isto, mudar!

Na negociação humana o valor inestimável está na longevidade da parceria e não no início. Iniciar algo é difícil, dá trabalho e requer horas-vida de dedicação, mas manter isso em longo prazo requer sabedoria; o verdadeiro desafio está em manter e não em estabelecer qualquer que seja a relação.

O negociador humano sabe disso, e por esta razão valoriza tudo o que é importante para seu cliente, sem perder o foco nos interesses da empresa que representa. Alguns executivos acham isso desnecessário, atendo-se apenas em oferecer o melhor produto ou serviço pelo que estão lhe pagando, o que é um grande equívoco, pois quando agimos desta forma, deixamos uma janela enorme na relação, e qualquer profissional ou empresa com uma abordagem diferente terá grandes possibilidades de cativar a atenção de nossos melhores clientes.

Há os que se protegem atrás de preços muito competitivos, o que é uma forma limitada de ver a relação sob a ótica puramente comercial, pois se alguém conseguir o produto mais barato, acaba por conquistar o cliente.

Outros usam a péssima estratégia de monopólio *(somos os únicos e, portanto, impomos nossas condições)*, algo que aconteceu muito no final dos anos 80, quando o mercado de informática era fechado para produtos estrangeiros; o mesmo se deu com a indústria automobilística no Brasil, que durante anos teve um "descaso" com o consumidor *(quase todos se lembram da idiotice criminal do ágio!)*.

Estas práticas acabaram por criar uma mentalidade míope nos profissionais, que diante da realidade que tinham, repetiram décadas a fio a metodologia da ***vendenciação***: exata, inflexível, comercial, competitiva, estrategista, calculista e fria, desconhecendo quase que por completo o significado da palavra negociação. Que dirá isso somado a valores humanos!

Quase ninguém se atinou para aonde iríamos, desde que se cumprissem as metas!

Hoje podemos ver que a transformação do mundo ao nosso redor solicitará cada vez mais por negociadores humanos.

Os **negociadores humanos**, ao contrário, usam uma metodologia de negociação ancorada em: honestidade, sinceridade, percepção, ocupação, intuição, qualidade, indispensabilidade, flexibilidade, visão de futuro e relações.

Na prática dos vendenciadores, suas forças são concentradas de forma bifocal: entregar o produto X e receber por ele.

O grande equívoco

Vendenciação exata - baseia-se no que entregamos e o que recebemos pela entrega, qualquer atributo a mais fora disso, deve ser e é valorado para se cobrar de alguma forma. Abstém-se quase na totalidade da longevidade da relação, já que o objetivo é ganhar o máximo que conseguir em uma única vez, desconsiderando a parceria e os frutos que dela poderão nascer *(perdem-se assim, os grandes negócios e os excelentes resultados que viriam).*

Vendenciação inflexível - o que posso lhe oferecer está na mesa, se você tiver algo melhor vá procurá-lo, porém saiba que somos os melhores e maiores no que fazemos, e se você trocar de fornecedor, quando voltar a nós, nossas condições serão outras, pense bem, depois não vá dizer que somos inflexíveis *(e se acham os grandes negociadores).*

Vendenciação comercial - o que temos é um negócio e não uma instituição filantrópica, nossa função é ganhar dinheiro! Se a empresa ou cliente está passando por dificuldades, não é problema nosso! Se quiser comprar, queremos vender, mas se necessitar de condições fora do padrão, sentimos muito, mas não podemos ajudar *(e o pior é que eram imitados e admirados!).*

Vendenciação competitiva - eles estão crescendo à nossa custa, afinal, olhem bem para o tamanho da empresa deles, precisamos aumentar os preços e diminuir as condições de pagamento, precisamos ganhar agora, pois daqui a pouco seremos apenas mais um no portfólio de fornecedores. Não podemos continuar ajudando-os a crescer, enquanto nós "diminuímos" de tamanho. Façamos o seguinte: no próximo pedido aumentaremos o preço, se quiserem é assim, senão... *(algo realmente irracional, você não acha?).*
Vendenciação puramente estrategista - quando "eles" agirem desta forma, agiremos desta e quando agirmos desta, eles agirão daquela *(falta espaço para criatividade, não falta?).*
Vendenciação calculista e fria - com base nos dados que temos em mãos, podemos analisar que a situação do cliente X, Y, Z é precária. Nos últimos anos eles deixaram de ser uma opção, precisamos buscar seu principal concorrente, a fim de tê-los como clientes. Baseado em nossas estatísticas, o cliente X deveria estar comprando a quantidade K de produtos, como não está, sentimos muito, mas teremos de buscar alternativas. Lembre-se: são eles ou nós *(aplausos para a incapacidade de relação!!!).*

Claro que tudo isso é dito internamente e de forma digestiva na presença dos interlocutores, porém não deixa sombra de dúvidas de suas intenções.

Alguns até cresceram e estagnaram, pararam no tempo e responsabilizam os produtos chineses que entraram no mercado, o governo que não protegeu o interesse do empresariado nacional ou os bancos que não financiaram suas expansões, tornaram-se grandes elefantes brancos. Onde qualquer negociador humano faria fortunas, os "vendenciadores" naufragam em lamúrias ou em competições desleais. Até mesmo dentro de suas empresas, quando não há mais a quem culpar ou com quem competir, voltam-se para dentro de seus escritórios, equipes, matrizes e por fim para os próprios sócios *(se os têm).* Para os vendenciadores, sejam profissionais ou conceitos estabelecidos por empresas, a "culpa" ou responsabilidade sempre está do lado de fora da empresa, do escritório, de si mesmo.

É verdadeiramente uma pena... Pois se aceitassem que tudo está interno, na postura, no conceito e na forma de conduzir os negócios, o mundo corporativo ganharia empresas e profissionais mais ágeis, versáteis e eficientes, enquanto suas famílias e o mundo em que vivemos ganhariam grandes seres humanos e esses seres humanos ganhariam mais dinheiro que poderiam imaginar...

O negociador humano se vê, invariavelmente, como uma empresa dentro de uma corporação, seja ela qual for. Isso muda tudo! Ninguém quer administrar uma empresa de forma obsoleta e arcaica, ninguém quer seu "balancete" no vermelho e principalmente, ninguém, absolutamente ninguém quer ver o trabalho de uma vida inteira ir por água abaixo.

Por isso o negociador humano investe todo o seu tempo e recurso em seu maior patrimônio: pessoas!

Para investir em pessoas, nós precisamos lançar mão do que temos de melhor e aplicar sem receios em nossas negociações todo o tempo.

O futuro da negociação com possibilidades infinitas

Negociação humana honesta - o que deve ficar claro desde o início na mente de qualquer negociador humano, é que a honestidade para com nossos clientes e parceiros é uma condição inegociável para obtermos êxito na carreira. Somente um exímio negociador tem habilidade e *expertise* para ser honesto e negociador ao mesmo tempo; se precisarmos enganar, ludibriar ou iludir nossos clientes, fatalmente não iremos longe.

É muito mais fácil ser honesto, pois não precisamos nos pré-ocupar, no sentido amplo da palavra, com o que acontecerá amanhã em relação à nossa reputação junto aos nossos parceiros.

Negociação humana sincera - por que esconder ou mentir para um parceiro ou cliente? Quando assumimos o problema ou circunstância, sejam eles quais forem, para nossos clientes, humanizamos de forma espetacular a relação. Assumir e ser transparente com o fato, sem se eximir de solucionar o problema, fortalece de forma indescritível a confiança depositada em nós por nossos clientes; somente um negociador com muita competência e caráter tem a coragem de ser sincero, em contrapartida dispõe com isso, de uma confiança por parte de seus clientes e parceiros que é rara no mundo dos negócios hoje em dia.

Negociação humana perceptiva - ao tirarmos o foco de nós mesmos e colocá-lo verdadeiramente sobre nossos clientes, aumentamos nossa percepção sobre seus objetivos, expectativas, problemas, valores e resultados; ao fazermos isso, temos uma visão multifocal do parceiro e com isso conquistamos seu respeito e admiração, possibilitando uma relação longínqua, tanto empresarial como humana.

Negociação humana ocupada - devemos nos ocupar com as necessidades e resultados de nossos clientes todo o tempo, não nos atendo apenas em pensar em seus resultados quando estamos de frente a eles. Os melhores resultados virão em nossas mentes quando estivermos fora da presença do mesmo, porém, pensando em seus objetivos.

Negociação humana intuitiva - ao utilizarmos esta ferramenta que nascemos com ela, encontramos soluções e oportunidades para nós e para nossos clientes inimagináveis.

Ouvir a intuição é ouvir a sabedoria do mistério da criação, é falar com uma inteligência superior, que podemos acessar sempre que precisarmos, é abrir nossas mentes para potenciais desconhecidos e por isso mesmo indispensáveis.

Negociação humana qualitativa - não estamos falando aqui da qualidade óbvia de nossos produtos, mas sim da qualidade de negociador, que avalia todos os detalhes, presta atenção na subjetividade estabelecida em qualquer negociação e preza incondicionalmente pelos objetivos comuns às partes durante o processo. Falamos da qualidade do atendimento e da oxigenação do relacionamento com cada parceiro, cliente, fornecedor e patrocinador, não esquecendo nunca que a relação é com seres humanos e não apenas com suas logomarcas.

Negociação humana com indispensabilidade - o que devemos praticar durante todos os dias, meses e anos, é o *marketing* da indispensabilidade; é ajudar nossos clientes e parceiros em todos os aspectos. Todo negociador humano deve se fazer presente na vida da empresa e de seus parceiros, mesmo que o assunto não esteja ligado ao negócio especificamente. Quando indicamos um bom profissional, que sabemos, poderá somar à equipe de nossos clientes, quando falamos de seus produtos para um outro parceiro, pois sabemos e vemos que dali poderá nascer uma grande relação comercial entre os dois, quando temos conhecimento de um bom fornecedor e promovemos a aproximação entre eles, estamos praticando o *marketing* da indispensabilidade, é fazermo-nos presentes durante todo o ano na vida corporativa do cliente; é a partir destas atitudes, que em nada tem a ver com o negócio em si, que nos fazemos indispensáveis aos nossos clientes e parceiros.

O valor de uma relação construída com base nesses conceitos é inestimável, e é a partir daí que o negociador humano supera todas as barreiras, todos os obstáculos. Uma relação com clientes, que tem como alicerce esses conceitos, é a base para uma carreira, negócio e empresa bem-sucedidos! É quando seus próprios clientes têm orgulho da relação, respeitam-na e buscam da mesma forma, somar a ela atitudes como a do negociador humano; quando isso se estabelece, cria-se um elo de confiança inabalável, indestrutível, e deste surgirão grandes oportunidades, tanto de negócios como humanas!

O mercado criou a expressão "*marketing* de relacionamento", algo que as pessoas encaram puramente do ponto de vista comercial. O que aconteceu? Temos almoços, eventos, *shows*, presentes, etc. e nenhum envolvimento humano.

É comum pessoas que têm essas funções, se expressarem de forma enfadonha quando vão almoçar com determinados clientes. Muitos chegam a dizer: "precisamos investir em *marketing* de relacionamento, então vamos lá..."

Com toda sinceridade, acha mesmo que alguém que vai almoçar com outra pessoa, com essa atitude está se relacionando?

O fato é que se encara isso como **"algo que tem de ser feito"** e não **"algo que se quer fazer"**, quando temos, fazemos como uma função automática, inerente ao nosso cargo.

Agora, quando queremos, desfrutamos, curtimos, temos prazer na companhia das pessoas e isso é sentido a olhos nus, por isso o negociador humano usa a percepção e investe sinceramente em *marketing* de indispensabilidade e não apenas em relacionamento, pois uma coisa sem a outra não funciona, torna-se falso, sem emoção!

Há, nestes dois conceitos, um deserto enorme que os separa; é o deserto dos valores e sentimentos humanos, que ao contrário do que dizem, não só cabe, como é e será indispensável cada vez mais nas relações de negócios mundo afora.

Negociação humana flexível - a flexibilidade é para qualquer processo de negociação, o que o ar é para todo ser vivente no planeta; sobrevivência!

Por isso mesmo o negociador humano que encara tudo como uma relação de médio e longo prazo torna-se flexível sem perder o objetivo, livrando-se do sentimento devastador de perda. Quando sentimos que estamos "perdendo" algo, nos tornamos conscientes ou não, inflexíveis, irracionais e extremamente comerciais! Quando nos mantemos flexíveis, não só concluímos negócios e parcerias, como abrimos as portas das possibilidades infinitas para novas oportunidades com o mesmo cliente.

Negociação humana com visão de futuro - se não tivermos visão de futuro em tudo o que fizermos, nada fará sentido. Se nos ativermos apenas ao que podemos "ver" no presente momento, diminuímos em níveis muito baixos nossa possibilidade de crescer, construir e enriquecer!

O negociador humano sabe disso e aplica sistematicamente essa sabedoria em suas relações. Se dermos tempo para amadurecer qualquer que seja a relação, ela se frutificará e transformará a tudo e a todos.

Quantas fortunas humanas e materiais não foram construídas por seus idealizadores a partir desta visão?

Nada podemos fazer de concreto e de grandioso, se formos imediatistas para com os resultados; devemos ter resultados no presente, mas tendo claro em nossas mentes que os melhores e maiores virão de nossa capacidade de "ver" a médio e longo prazo.

Negociação humana e suas relações - se há algo que o negociador humano precisa, é de relação com os outros; exatamente por precisar disso, que sabe o quanto uma relação sólida com um profissional e com uma determinada empresa pode ser determinante na conclusão de qualquer negócio e parceria. Foi-se o tempo em que bastava ter um bom produto ou representar uma grande empresa ou projeto, para ter êxito na profissão e abrir portas onde quer que fosse.

No mundo atual, cada vez mais as relações se tornaram imprescindíveis para a estruturação de qualquer projeto. Atualmente há milhões de empresas e profissionais que têm nome no mercado, conhecimento, capacidade estrutural e intelectual para oferecer serviços ou produtos similares, poderão e farão o óbvio, que é ter o melhor preço.

O que fica no final das contas para criarmos diferenciais? Relacionamentos!

O relacionamento com as pessoas é e será nosso maior diferencial para com nossos clientes. É a partir de uma relação que desenvolvemos confiança e respeito.

Quando encararmos um novo desafio de conquistar mais uma montanha e os clientes que nos interessar nela, o que poderá facilitar nossa investida? Quem poderá nos ajudar a estabelecer uma relação de confiança e profissionalismo?

Um telefonema ou e-mail de um cliente que conhece alguém dentro da empresa, dizendo o quão sérios e compromissados nós somos para com nossos parceiros, nos possibilita adentrar com autoridade e estabelecer contato de uma forma mais íntima com esta nova organização, pois temos a nosso favor, não nosso cartão de visita ou o nome de nossa empresa, mas o envolvimento direto de um cliente no processo de aproximação, e isto fará toda a diferença perto dos demais.

Por essas e tantas outras razões o negociador humano sabe que o milagre da multiplicação está na sua capacidade de "zelar" por suas relações com as pessoas e não apenas com sua empresa.

Outro fator que difere a negociação humana das demais é a capacidade de realização em conjunto; o sonhar e construir somando esforços para um produto melhor, um serviço mais eficiente e um mundo com mais qualidade de vida para todos; e isso só é verdadeiramente possível quando temos o prazer e o privilégio de dividir cada etapa do processo com nossos clientes e parceiros, é quando nos "sentimos" e não apenas "sabemos" que estamos dentro do "mesmo barco"!

A diferença é que quando "sabemos", fomos informados, treinados, avisados e portanto, quando muito temos nossa inteligência lógica nos dizendo: devo fazer isso, represento tal coisa, esperam isso de mim. Enquanto, quando "sentimos": sabemos aonde ir... Com quem ir... E, principalmente, por que ir... Unir-se nesta misteriosa conjunção de energias corpo, mente e espírito em prol de um objetivo comum. Essas energias direcionadas para uma negociação é divino, transformador, realizador!!!

Por isso, todo negociador humano precisa "sentir" e não apenas "saber"; esse "sentir" contagia a todos ao seu redor, direcionando de igual forma, suas energias para a concretização do projeto e realização do sonho...

E isso, apesar do que estamos acostumados a ver e ouvir por aí, é que fará toda a diferença em nossa vida, isso é o que nos tornará milionários!

Não é apenas "vendenciando" que conseguiremos atingir a excelência na arte da negociação, mas sim vivenciando!

Não conseguiremos nada, se resumirmos nossas carreiras e por conseqüência nossas existências à equação: entregar x receber = missão cumprida!

Nada está cumprido!

Estamos sim, em eterna evolução... devemos compartilhar e aprender com esse processo. Negociar de forma humana leva o mesmo tempo que negociar vendenciando, a diferença está nos dividendos.

Na primeira opção os ganhos são ilimitados, tanto materiais como humanos. Nossa alma regozija-se e temos a certeza de estarmos contribuindo com o "todo", é quando nos sentimos estranhamente completos, plenos e sorrimos à toa, só por vontade... temos prazer e todo o tempo do mundo para desfrutarmos de nossas riquezas... da forma que nos agrade, com quem quisermos!

Enquanto na segunda, vemos nossos resultados apenas pelos números impressos em um cheque. Números medíocres, perto dos números da primeira opção, e percebemos aquele "buraco" interior que tentaremos escalar sem êxito, até o próximo cliente, proposta ou negócio. Não temos tempo! Não sorrimos! Desconfiamos de tudo e todos, somos incapazes de perceber que somos realizadores de sonhos... Que lidamos com a arte da negociação humana, a arte das possibilidades infinitas... É quando resumimos nossa existência ao próximo processo de "vendenciação"; não agüentamos mais, porém por falta de percepção, continuamos repetindo valores e conceitos que o "mercado" está acostumado a praticar, mesmo que isso signifique morrer por dentro, mesmo que signifique perder muito dinheiro, mesmo que isso signifique nos perder de nós mesmos!

–II–

A ARTICULAÇÃO PRÉ-NEGOCIAÇÃO

> *Não devemos nos achar indispensáveis para nossos clientes, devemos sim, nos fazer indispensáveis por meio de nossos produtos, serviços e, principalmente, de nosso atendimento.*

QUANDO ASSUMIMOS UM PROJETO, DEVEMOS EM PRIMEIRO LUGAR ESTUDÁ-LO detalhadamente, atendo-nos aos pequenos pontos, às linhas miúdas, pois o diferencial pode vir exatamente daí. Normalmente há um *modus operandi* nas equipes e profissionais que focam instantaneamente suas atenções para os grandes tópicos, livros e conhecimentos do mercado, porém a maioria se esquece de focar nas minúcias; elas é que podem conter a informação que fará toda a diferença na mesa de negociação, é aquela questãozinha que ninguém pensou ou se inspirou que pode fazer toda a diferença.

Dispense igual atenção às limitações de seu projeto/produto e/ou serviço.

Somente quando conhecemos os "senão" de nossos projetos é que desenvolvemos argumentos para defendê-los durante a negociação.

Importante também é lembrar que se os resultados que um empreendedor espera estivessem apenas em livros e cursos ele não precisaria investir tanto recurso em um negociador humano. Todos esperam que o profissional conquiste a confiança do cliente e consiga o investimento para o projeto em questão, o que ninguém se atina é que negociar é uma arte cheia de nuanças e improvisações e que o negociador humano não conseguirá improvisar apenas com o conteúdo de livros e palestras; estes servem para fazer com que ele abra sua mente e mergulhe cada vez mais na inspiração, isso mesmo, inspiração para negociar, sonhar, contagiar! Essas são ferramentas indispensáveis para o ser humano que estiver à frente desta tarefa, e é por isso que toda informação, sobretudo as detalhadas, é que podem fazer diferença na hora da criação do argumento de apresentação do projeto.

Por isso o negociador humano deve, após atualizar-se com as informações, deixar que seu ser crie o sonho que será apresentado. Ele vê o produto ou serviço realizado e deixa-se encantar por esse sentimento, cabe a ele buscar seu melhor método para que isso aconteça não se esquecendo, claro, que esse "método" é interno, da alma para o mundo e não o contrário.

Uma fórmula que funciona há anos é visualizar o projeto em funcionamento, sentir como ele se realiza tornando a vida de todos os envolvidos, empresas e pessoas, melhor... Veja como o projeto pode ajudar a área envolvida a alcançar suas metas, sinta que verdadeiramente os resultados finais foram alcançados, considere-se parte deste sucesso por meio do projeto e somente quando se sentir inebriado por tudo isso parta para a ação!

Alguns podem nos chamar de românticos, porém esse é um processo que funciona.

Os clientes percebem nosso entusiasmo, nossa dedicação e vontade de realização, são contagiados por essa emoção e sentem-se seguros, pois ninguém quer ter o sonho não realizado e desta forma sabem que estarão em "boas mãos", que a equipe que o negociador humano representa também tem esse espírito realizador e comprometido, e quando isso acontece, nossos resultados são excelentes e idem os de nossos clientes.

De certa forma esse é um trabalho solitário, pois achar essa emoção dentro de nós é algo que cada um deve fazer só, no silêncio, achar os seus porquês, antes de sair apresentando uma idéia. É um movimento natural do ser humano negociador.

Busque seus porquês, deixe que eles se transformem em argumentos e em possibilidades de investimentos, dê uma pausa para a lógica e ouça neste momento a alma; você verá que isso fará toda a diferença.

Provavelmente você já o faz sem se dar conta, na maioria das vezes atribuímos os argumentos à capacidade de raciocínio apenas, o que é um grande erro, pois há soluções que só a alma pode trazer à tona. Quando percebemos isso podemos acessá-las na hora que quisermos. Preste atenção na sua próxima negociação com ouvidos voltados para a alma, você verá que é um movimento voluntário do seu ser.

É pelo fato de buscarmos apenas externamente que inúmeras pessoas fazem faculdades, pós-graduações, MBAs etc. e sempre têm aquela sensação de frustração, o "não era bem o que eu esperava"; e isso não tem absolutamente nada a ver com os cursos, mas sim com a nossa forma de aproveitá-los.

Ninguém ou nenhum curso irá lhe ensinar a negociar!

Poderá lhe dar uma base, passar conhecimento, mas a partir daí é com você; pegue tudo isso com sua mente e depois escute sua alma. Quando fizer este movimento, verá como foi importante aquele curso, mas também uma conversa com um agricultor que vive no interior do país e que lhe explicou durante alguns minutos como se procede para cuidar de uma horta, que alguns vegetais precisam de mais sol, outros menos e assim por diante...

Tudo se soma à alma, e o negociador que se atenta a isso dispõe de soluções inexplicáveis, mas que geram excelentes resultados.

Experimente pesquisar sobre o projeto na internet, nos livros e ouvir os professores, mas escute aquele tio aposentado, seu avô ou amigo que nasceu e trabalhou em uma época que nem computador existia; ouça o que a sabedoria deles lhe diz a respeito do projeto, depois ouça a sua alma e monte seu argumento. Lembre-se de que a negociação é humana e não exata, por mais que o mercado insista em formar executivos(as) baseado apenas na lógica.

Preparar um bom argumento de apresentação é uma das tarefas que requer muita concentração, não para dizer o óbvio *(nosso projeto e/ou produto é o melhor, o maior etc. Isso todos na equipe irão se predispor a dizer e lembrar)*, mas sim para criar verdadeiras oportunidades de negócio e mostrar que tudo isso faz parte de um sonho, e que nós, seres humanos, estamos aqui para realizá-lo. Dizer isso sem ser presunçoso, sem perder o foco, atingindo os objetivos de nossos clientes e sendo responsável por tornar viável o projeto que envolve várias vidas e realizações de cada ser humano envolvido, não é tarefa fácil!

Pois se tudo estiver perfeito e o negociador não tiver êxito em sua negociação, todo o processo pára. Não é à toa que todas as grandes empresas investem milhões e milhões de dólares para construir fábricas e criar novos produtos, mas bilhões e bilhões de dólares para comercializá-los. Imagine as fábricas da Ford e da GM produzindo em sua capacidade máxima e não tendo como escoar a produção. Imagine se os distribuidores não aceitarem a estratégia de negociação de seus executivos e os consumidores finais não adquirirem seus produtos por não concordarem com as condições das concessionárias. Quando temos resultados insatisfatórios na negociação todo o resto pára!

É exatamente por isso que o negociador humano se ocupa não apenas com sua preparação, mas também com a articulação antes da negociação, uma boa articulação pode ser a diferença entre o realizar ou não, um projeto.

Antes de sentarmos a uma mesa para negociarmos qualquer projeto é de extrema importância relacionar todos os nossos contatos que poderão ajudar na realização do mesmo. Várias cabeças pensando, na maioria das vezes, é melhor do que uma, da mesma forma que o aval de um projeto por pessoas que são respeitadas no mercado pode somar, e muito, tanto do ponto de vista conceitual como comercial, pois quando temos "grandes" profissionais envolvidos direta e indiretamente em nossos projetos criamos mais oportunidades para ele se realizar. Essa articulação deve ser estendida também às empresas parceiras em outros projetos. Fazer uma ligação para o contato dentro da organização, marcar um almoço para discutir idéias e escutar o parecer de um parceiro agrega muito ao projeto.

Quando possível, devemos buscar um "endosso" institucional nas empresas, instituições e/ou ONGs que tenham interesse na idéia, mas que não serão os investidores diretos, serão sim, os nomes que nos outorgarão o poder de execução do mesmo.

Quando fizermos nossa lista de prospecções para investimentos, é importante estarmos alinhados com a estratégia criada pelo *marketing* e pela área comercial da empresa; desta forma podemos criar oportunidades que atinjam os objetivos de ambas as áreas do cliente.

Melhor ainda se tivermos um bom relacionamento interno dentro da empresa, pois podemos discutir previamente com as pessoas que participarão do projeto, a fim de podermos adequar nosso discurso à filosofia adotada pela gestão.

Escutar nossos parceiros pode mudar para melhor nossa apresentação; também pode ajudar a evitar perda de tempo de toda a equipe, pois se de antemão soubermos que para investimentos da natureza que estamos propondo devemos procurar a matriz da empresa que fica em outro estado ou país, direcionaremos nossa atenção para tal.

O negociador humano deve procurar criar um ambiente ideal para apresentar uma idéia, e isso pode significar adiar ou adiantar uma reunião. Essa atitude normalmente causa certa ansiedade em toda a equipe, porém só tome a iniciativa de se sentar a uma mesa de negociação se você pré-sentir que é o momento.

Muitas idéias não vingaram por precipitação do negociador.

Quando as empresas estão vivenciando crises internas ou seu interlocutor está passando por momentos difíceis na vida particular, as pessoas até lhe receberão e participarão de reuniões, mas não lhe escutarão.

De que adianta lançarmos uma idéia na mesa, se ela tem mínimas possibilidades de sair do papel?

Ideal é ouvirmos a voz do bom senso, mesmo que isso custe ir contra os demais da equipe, pois se a negociação não tiver êxito, todos perderão; neste momento cabe ao negociador humano expor seu ponto de vista para todos e aguardar.

Claro que ninguém lhe dirá ao telefone que está passando por problemas, isso é algo que deve ser percebido, sentido e seguido, algo que apenas um bom negociador humano notará, mas que fará toda a diferença.

Articule também com seus principais parceiros, colaboradores e fornecedores; sem eles você ficará em uma posição fragilizada e, portanto, com insegurança.

Ideal é poder contar com as pessoas de sua confiança, que lhe acompanham e que aceitam caminhar ao seu lado. Nem à frente, nem atrás, mas ao lado do negociador humano. Eles sabem que dele depende o sucesso de seus negócios e vice-versa, e com certeza farão de tudo para participarem do projeto.

Busque dividir os problemas e soluções detalhadamente. Somente assim, eles entenderão quando for necessário fazer ajustes em orçamentos ou adiantar o prazo de entrega.

Quando as pessoas participam, assumem responsabilidades juntas e são inspiradas pelo espírito de união, fator fundamental quando desejamos realizar algo grande!

Dedique tempo consultando e escutando seus fornecedores. Eles farão de bom grado uma consultoria com suas opiniões e sugestões, que pode influenciar, muito, na mesa de negociação.

Todo negociador humano precisa de uma margem segura para trabalhar, e isso se torna mais sensato quando sabemos de antemão quem são nossos parceiros e até onde eles chegariam por nós e pelo projeto. Fornecedores existem para nos ajudar a tornar sonhos em realidade, para sonhar junto, pensar junto e crescer junto; somente assim conseguiremos solidez e segurança para ousar na hora de propormos determinada solução para nossos clientes e investidores.

Tenha bastante cautela na elaboração da lista de prospecção, estude detalhadamente cada empresa e o mercado em que atua. O ideal é não se ater, como muitos, à lista das quinhentas maiores empresas do país.

Lembre-se: uma empresa que está em fase de expansão pode ter muito mais disposição para investimentos do que uma que já se encontra no topo; portanto, o ideal é que depois de selecionadas, elejamos as três primeiras a serem abordadas e darmos prioridade a elas sem a euforia que leva muitos projetos ao fracasso.

Quando oferecemos um determinado projeto a uma empresa, devemos levar em conta que uma vez aprovado, ele pode vir a fazer parte de uma estratégia maior dentro da organização e, portanto, passível de sigilo. Imagine que seu projeto seja um novo eletrodoméstico e a rede de lojas pretende fazer uma grande encomenda e ancorar a campanha do Dia das Mães neste produto e você ofereceu a mesma oportunidade aos principais concorrentes. Ou se o projeto contempla um novo tipo de serviço para hotelaria que busca cada vez mais diferenciais em atendimento e todos no meio já sabem o conteúdo, antes mesmo de ser lançado. Qualquer concorrente do cliente pode buscar uma fórmula para superá-lo! Uma promoção que envolva a indústria de refrigerantes e os principais concorrentes já possuem conhecimento detalhado das ações; você corre o risco de não viabilizar o projeto, pois já não há mais o fator surpresa.

Saber definir seus alvos é tão importante quanto saber negociar.

Lembre-se: sigilo é ético e faz parte da relação.

Se oferecermos o mesmo projeto a todos, corremos seriamente o risco de não conseguirmos nenhum parceiro, investidor ou cliente.

Estipule uma data limite para resposta da proposta e atenha-se a ela a fim de ter tempo para buscar outros parceiros, caso esses não se interessem.

Importante: cliente, investidor e patrocinador nunca cumprem este prazo!!! Cabe ao negociador humano dar "manutenção" ao processo, não que seu projeto não mereça atenção específica por parte dos executivos(as), mas no dia-a-dia de cada empresa há dezenas de outros assuntos em andamento que necessitam do parecer destas mesmas pessoas. Portanto, a manutenção da negociação ajuda inclusive ao departamento ou profissional responsável, a priorizar suas respostas.

Claro que devemos ser cautelosos para não nos tornar piegas ou passar a impressão de que achamos nosso cliente irresponsável.Há diversas formas de nos fazer lembrados, um e-mail contendo uma informação complementar à reunião, serve muitíssimo bem para deixar claro que estamos trabalhando em prol do cliente e da proposta, ou um telefonema para saber se o nosso "negociador interno" precisa de algum material extra, são formas de nos manter na mente das pessoas e na ordem de prioridades da empresa.

Trabalhe sempre paralelamente com os próximos da lista de prospecção, desde que eles não sejam concorrentes dos já abordados. Ligue, diga que tem intenção de apresentar um projeto em que está trabalhando, perceba e prepare o terreno para uma abordagem posterior, tenha em mente que a negociação só estará concluída após a assinatura entre as partes envolvidas; portanto, busque seus parceiros, patrocinadores, investidores e clientes até alcançá-los!

Atualmente diretrizes de empresas mudam de forma global, o que pode afetar diretamente um projeto em andamento; para não sermos "pegos" de surpresa e correr o risco de adiar o projeto, criamos um lastro de prospecções que nos dê certa segurança da concretização do projeto.

Claro que quando criamos uma boa articulação, baseada em relações humanas, esses imprevistos são contornados ou somos avisados com antecedência. Vale a pena lembrar que uma negociação humana faz com que todos os envolvidos no processo "batalhem" para manter algumas ações já programadas, e neste momento o relacionamento com as pessoas tem o mesmo peso que o objetivo da empresa. Fica muito mais fácil descartar ou romper qualquer acordo, se estamos baseados apenas no que diz um contrato *(aliás, há uma máxima que diz: eles existem para serem quebrados).* Se não nos comprometemos olho no olho, se não sonhamos juntos e dedicamos horas-vida a um projeto, se não nos envolvemos emocionalmente, em um momento de crise ou reestruturação interna, simplesmente o problema é passado para o jurídico e ponto-final.

É exatamente por isso que o negociador humano busca o movimento perfeito a partir da articulação, escolhe carinhosamente as empresas, as pessoas e os colaboradores do projeto a fim de usar seus melhores relacionamentos na realização do mesmo.

Não esqueça: quanto mais pessoas envolvidas, maior o comprometimento humano, e se essas pessoas forem pessoas de destaque em suas áreas, mais sólido se tornam os relacionamentos, o alicerce da idéia e o projeto em si!

–III–

Escolha e estruturação do projeto

O negociador humano tem o dom de concretizar sólidas parcerias, buscando profissionais para integrarem o projeto, participarem dos resultados e contribuírem com seus cérebros e saberes para a realização do mesmo.

A busca pelo projeto ideal deve ser incansável, meticulosa e detalhista, quanto mais ousado o projeto for, melhor, desde que se mantenha o nível da perfeição e do objetivo até a conclusão do mesmo.

Devemos ouvir nossa alma em primeiro lugar. O que ela nos diz? Quais seus anseios? Quais as diretrizes? O que o mistério que chamamos de Deus, nos orienta a fazer? Depois disso, analisemos o mercado.

Não adianta olharmos para o concorrente ou para o companheiro de trabalho e imitá-lo. A energia que desprendemos imitando uma idéia ou pessoa é igual à de criarmos ou agirmos com originalidade, a diferença é que na primeira situação teremos resultados medíocres, pois não estaremos sendo nós mesmos; já na segunda podemos alcançar sucessos inimagináveis!

Em nossa análise, devemos estar com a mente aberta para o futuro, nenhuma idéia original está a céu aberto, pois se estivesse não seria original.

Já imaginou se em todos os lugares em que cavássemos um buraco de trinta centímetros encontrássemos uma pepita de ouro? Certamente ouro não valeria absolutamente nada!

Por isso os grandes veios de ouro estão no interior de nosso planeta, assim como as grandes e inovadoras idéias estão no interior de nosso ser.

Olhe para o mercado e para a sua metodologia de trabalho com olhos da alma e verá como surgem inúmeras soluções para melhorá-los.

Lembre-se: pequenas idéias podem mudar o mundo *(Gilette, Sony, Microsoft etc.)*, todas tiveram pequenas idéias originais para melhorar a vida do ser humano no planeta e se tornaram megaempresas.

Busque a solução verdadeira, não aquela que você precisará de palavras difíceis ou expressões em línguas estrangeiras para explicá-las; quando a idéia é verdadeira fazemos uma excelente reunião até dentro do avião.

Quando se deparar com uma idéia ou projeto que lhe chame a atenção *(claro que pode ser um projeto que se originou de uma idéia de alguém)*, certifique-se de duas coisas:

Primeira: se a idéia merece que você e sua rede de contatos dediquem horas-vida a ela.

Segunda: informe-se sobre o "dono" da idéia ou projeto, verifique se é realmente um projeto inovador ou se não é apenas uma cópia "enfeitada".

Se decidir que deve representá-lo, eis alguns critérios que valem a pena ser observados:

- O idealizador entende realmente do assunto?
- Demonstra claramente que está envolvido com o projeto?
- Tem convicção o suficiente em sua idéia, que se dispõe a investir recursos próprios?
- Dispõe deste recurso ou espera que apenas os patrocinadores e investidores disponibilizem recursos para seu projeto?
- Possui uma rede de contatos forte que está empenhada em realizar junto?
- No currículo desta pessoa física ou jurídica, há casos de outros empreendimentos de sucesso? *(claro que se o idealizador for muito jovem, pode ser seu primeiro empreendimento, mas nem por isso merece demérito de nossa parte. Lembre-se, muitas idéias inovadoras foram criadas por jovens).* Porém, devemos buscar coerência entre a idéia e a capacidade de realização. Muitas pessoas têm excelentes idéias, mas são incapazes de executá-las.

Outro fator importante que merece ser observado é se o projeto visa apenas ganhar dinheiro. Se este for o objetivo maior, devemos declinar, pois nada que vise apenas fazer dinheiro terá êxito por muito tempo.

Devemos buscar projetos que almejem, mais que apenas fazer dinheiro.

O movimento perfeito é encontrar um projeto que ajude o desenvolvimento da humanidade, seja em que caráter for, que tenha força de transformar a vida das pessoas em algo maior e melhor... Que seja verdadeiramente uma grande ferramenta tanto conceitual como promocional para as empresas que investirem e que tenha o poder de gerar riquezas para todos os envolvidos.

Devemos lembrar que só conseguiremos isto escutando nosso coração, tendo senso crítico bastante apurado, pois há inúmeros projetos e idéias que se propõem a mudar o mundo, mas a verdade é que poucos sabem o quê e o porquê mudar.

Se a idéia original for sua, faça uma busca no mercado para ver se é realmente original; se o for, cheque se o mercado precisa dela, pois ninguém apostará muito tempo em uma fantasia que não tem utilidade. Se a confirmação for positiva, forme uma equipe que você admire e confie, crie um mecanismo em que todos possam ganhar *(ninguém gerará riquezas para você sem poder gerar para si próprio).*

E por fim, discuta incansavelmente todas as possibilidades de torná-la viável, mas lembre-se de que você deve ter claro em sua cabeça aonde quer chegar. Pessoas desnorteadas são como um barco à deriva, qualquer vento ou tempestade pode mudar seu rumo, e você nunca mais o retomará. Além do mais, ninguém quer estar em um barco cujo capitão não sabe para onde está indo. Há uma diferença muito grande entre ouvir, acatar opiniões ou sugestões e deixar que os outros assumam o comando de um projeto que foi idealizado por você!

No mercado há inúmeros "gênios" que se intitulam "pensadores" e não executores *(esses mesmos seres deveriam saber que o verdadeiro pensador ousa e sabe concretizar, caso contrário, tornam-se apenas seres que falam ao vento e ninguém os escuta).*

Se empreendermos uma idéia, seja nossa ou alheia, devemos buscar parceiros e não apenas "funcionários", da mesma forma que se integrarmos uma equipe não seremos funcionários, mas sim parceiros.

- O primeiro passo para empreendermos uma idéia, e um dos mais importantes, é reunir uma dupla de criação que saiba transformar sua idéia em imagens para que possa ser dividida com os outros membros da equipe e com seus futuros clientes e investidores.
- O segundo passo é buscar um exímio(a) executor(a), profissional este que dará suporte logístico no trâmite e na realização do projeto.

Como negociador humano, procure profissionais que se apaixonem pelo projeto e não pelos números envolvidos.

Lembre-se de que a escolha onde colocar seu coração e sua reputação é algo muito importante. Portanto, não aceite qualquer projeto que lhe oferecerem apenas pelo seu valor econômico, busque novos desafios, ouse ir aonde ninguém foi; só assim você encontrará o verdadeiro significado da expressão "negociação humana".

Tenha esse mesmo critério de avaliação para a busca de parceiros, não adianta você ter uma postura de negociador humano, se na escolha do projeto aceitar profissionais que são movidos apenas pelo dinheiro. Esses "vendenciadores" podem, em um primeiro momento, até se dedicar ao seu projeto, mas estarão fora dele nos primeiros obstáculos.

O duro é que você fica em uma posição fragilizada, alguém que não segura na "corda" quando você mais precisa passa insegurança para todos na equipe e acaba por criar mais problemas que soluções.

Quanto à escolha do projeto, lembre-se: nem tudo o que nos oferecem em um banquete comemos, a mesma coisa são os negócios. O fato de alguém estar tendo êxito em uma determinada área não significa que se você o fizer, terá.

Seu êxito em todos os sentidos está onde estiver sua alma...

Há vários projetos no mercado, mas poucos se tornarão um grande sucesso.

Busque o seu!

Ninguém poderá lhe dizer qual é, você deve procurá-lo dentro do seu ser... E tenha certeza, você o encontrará!

Quando encontrar, antes de abordar os patrocinadores pré-selecionados, busque parcerias que outorguem valor ao projeto.

Feche antecipadamente o apoio de uma revista de destaque no segmento e uma revista de publicação semanal *(não é tão difícil quanto parece, veículos de comunicação buscam a todo o momento ações diferenciadas para associarem seus nomes)*, e apresente sua idéia para o *marketing*.

Em seguida, feche uma parceria com um grande portal de internet *(que quase sempre possuem pessoas jovens em cargos importantes e abertas a novas idéias)*.

Busque um canal de TV, preferencialmente a cabo *(as empresas com tradição em patrocínios e clientes de grande porte têm tido uma predileção por um público mais qualificado)*.

E por fim, estabeleça parceria com duas rádios, uma no local onde o projeto se realizará e outra no maior centro de negócios do país, São Paulo, Nova York, Milão, Tóquio etc. *(se queremos que o projeto tome vulto nacional, devemos estabelecer sempre parcerias na maior cidade do país e outra no local de realização)*. Não basta você realizar o projeto, o máximo de pessoas deve saber o que está acontecendo, inclusive os clientes de seus clientes e patrocinadores.

Contrate uma assessoria de imprensa especializada; se o projeto já possuir, cheque se a mesma tem penetração nos principais veículos *(muitas vezes existem profissionais que se desligam de redações de grandes jornais e/ou de outras assessorias de renome e buscam um caminho solo)*, se for este o caso, certifique-se junto aos antigos trabalhos de que o profissional em questão tem competência para o projeto que está assumindo.

Melhor sermos criteriosos no início do que descobrir que nosso retorno de mídia espontânea ficou aquém do esperado por todos, inclusive nossos investidores.

É importante você saber que não existe assessoria de imprensa que produza o efeito esperado se você não fornecer informações com conteúdo e supervisionar o tempo inteiro o retorno.

Um dos discursos mais equivocados que existe no segmento de patrocínio, sobretudo nos mercados de esportes de aventura, expedições e *marketing* esportivo, é que gerando dez minutos de mídia espontânea em um grande canal de TV, todos ficarão felizes com o resultado.

Todo patrocinador sabe duas coisas básicas

- Canais de TV cobrirão qualquer evento desde que tenham conteúdo, e seus cinegrafistas e jornalistas sabem que não podem mostrar logomarcas apenas. Portanto, conteúdo é indispensável para gerar boa mídia.
- Se o patrocinador/investidor estivesse apenas atrás de retorno de mídia, poderia comprá-la diretamente da emissora; isso significa que busca o conceito por trás da proposta.

Hoje em dia o conceito de um projeto vale mais que qualquer retorno de mídia espontânea, não se ater para isso pode levar embora grandes possibilidades de investimentos.

Basta observarmos que qualquer acidente, desastre natural ou guerra, gera uma excelente cobertura da mídia mundial. No entanto não vemos uma grande marca associando seu nome a esse conceito.

Na busca pelo apelo emocional do público-alvo do patrocinador, devemos criar uma sólida estrutura de conceito, seguida de uma visão ampla de *marketing* e, por fim, uma campanha de divulgação que siga esse apelo emocional e que será veiculada nos parceiros de mídia que anteriormente buscamos para ancorarem o projeto *(os próprios parceiros de mídia só estabelecerão parcerias com o projeto se identificarem uma forte estrutura conceitual).*

Seguindo essa estratégia aumentamos muito a possibilidade de conseguirmos os investimentos necessários para nossos projetos, sejam *shows*, feiras, eventos esportivos, expedições, exposições etc. Isso porque os profissionais que hoje tomam as decisões de patrocinar este ou aquele projeto são cada vez mais cobrados por resultados e estão muito bem informados. Isso faz com que esses profissionais busquem projetos arrojados com funcionalidade e capacidade de oferecer retornos concretos, tanto de imagem como de aumento do gráfico comercial.

Não podemos sinceramente esperar que um diretor de *marketing* de uma grande empresa perca seu precioso tempo dizendo detalhadamente o que ele espera de um projeto. O mínimo que se espera de um negociador humano que representa um determinado projeto é que ele seja um profundo conhecedor da empresa a que ele está propondo uma parceria e que tenha capacidade de profissionalizar o projeto!

É exatamente por isso que devemos buscar os profissionais certos para cada etapa do projeto *(existem vários no mercado)*, porém, ninguém vai abraçar sua idéia se você não o fizer primeiro.

Faça com seu espírito, seu coração, sua alma!

Não há nada mais prazeroso que estar apaixonado, você não acha? Pois então, apaixone-se pelo projeto e você estará 50% mais próximo de realizá-lo.

ALGUNS DOS CRITÉRIOS QUE JAMAIS DEVEMOS ESQUECER

- Ancorar o conceito do projeto e ser fiel a ele.
- Certificar-se de que o mercado precisa do que você está propondo.
- Pensar que qualquer relação deve ser uma "via de duas mãos", então pense sempre no retorno direto e indireto do investidor.
- Não cometa o erro de dizer: – Meu projeto é indispensável. Nada é indispensável, nem nós!
- Garanta uma mídia para seus projetos, não deixe isso apenas ao acaso.
- Se o projeto pertencer a uma outra pessoa ou empresa que você for trabalhar, saiba respeitar o que já foi feito antes de você chegar, mas não queira agradar a todos. Se perceber que algo deve ser mudado para conseguir atingir o objetivo maior, exponha isso para a diretoria do projeto, e se ela não aceitar as mudanças, melhor deixá-lo. Não fique a "bordo" se não concorda com as regras.
- O ideal, se você for o idealizador, é que busque um negociador humano para fazer dupla com você. Normalmente quando estamos inebriados pela paixão do realizar, não vemos o todo com 100% de clareza. Um negociador humano poderá ser um contraponto, ajudando-o a fazer as mudanças necessárias para atingir o grande objetivo.

- Se você for o negociador humano do projeto, saiba ser o contraponto do idealizador, sendo flexível e objetivo para poder sugerir mudanças e adequações. Ser o negociador de um projeto não é tarefa fácil, por isso devemos estar envolvidos de corpo e alma sem perder a objetividade, afinal de contas, se isso acontecer, o idealizador perderá o seu contraponto e o projeto corre o risco de não se realizar.
- Como negociador humano você está no meio da situação, cabe unicamente a você buscar o bom senso e prezar pelos resultados de ambos os lados. É realmente uma posição delicada, por isso mesmo os negociadores humanos têm grande poder de decisão em qualquer circunstância e obtêm excelentes resultados financeiros.
- Saiba discernir entre necessidades do projeto, projeção de ego e excesso de autoridade de cada lado; sem esse balizamento o projeto pode acabar antes mesmo de começar. Uma das coisas que mais acontecem durante um processo de parceria são as partes endurecerem por estarem sob pressão e acabam agindo de forma passional. Tudo é válido quando estamos com envolvimento emocional, porém, se não houver um negociador humano que saiba lidar com essa situação o projeto corre riscos desnecessários.
- Prepare-se para abrir mão do projeto quando ele atingir seu ápice. Talvez seja esse, dentre todos os movimentos, o mais difícil de fazer. Você se envolveu emocionalmente com algo que depois de adulto, assim como um filho, caminhará sozinho e você o verá ir embora... Quando não por si só, pela sua atuação que chegou ao final do ciclo, ou simplesmente pelo fato de que você já não tem mais desafios, e como negociador humano, partirá...

Saber disso ajuda, e muito, a relação com o idealizador do projeto, que na maioria das vezes assume a postura de pai único do filho. Se você lidar com essa situação como corriqueira dentro da arte do negociador humano, ficará mais fácil administrar a situação sem ressentimentos e ainda manter a parceria para futuros projetos.

Tenho de dizer que na maioria das vezes isso acontece. É um quadro que se estabelece até mesmo com nossos investidores e patrocinadores, porém, se você anteceder-se a isso, tudo pode e será mais leve.

–IV–

Não negocie o que não pode entregar

> *Quando nos preocupamos com nossos clientes, eles se preocupam conosco, querem nos ajudar, e é justamente aí que acontece o milagre da multiplicação.*

Eis aqui uma das falhas mais cometidas em uma negociação, seja ela de produto ou serviço. A maioria dos profissionais que atua no mercado age baseada em seus objetivos *(o que não está errado, mas também não está certo)*, digamos que manter-se com foco no objetivo é 20% do processo. Encaram apenas como uma competição, vêem apenas o fim, dando muito pouca atenção aos meios, porém, devemos observar que os meios poderão influenciar diretamente nos resultados finais.

Pior ainda, se você só consegue ver os resultados finais em curtíssimo prazo. Quando isso acontece o cliente é resumido a uma única negociação, o que desencadeia uma corrida para obtenção do OK na proposta. Perde-se, muitas vezes, o bom senso e assume-se responsabilidades, riscos e promessas que não conseguiremos "entregar" conforme o prometido. Quando obtemos o OK, começamos a pensar em como entregaremos o produto ou serviço no prazo ou como lidaremos com o retorno acordado em reunião. Nesse momento perdemos gradativamente nosso maior patrimônio, a confiança de nossos clientes, pois a cada desculpa ou "jeitinho", deixamos transparecer que agimos com leviandade, prometendo o que seria impossível de ser cumprido. Mesmo que nos esforcemos ao máximo para concluir o projeto conforme combinado, ficará um mal-estar na relação, muitas vezes, irreversível.

Isso acontece porque não observamos os valores da relação em longo prazo, pois se o fizermos seremos criteriosos em nossas promessas e comprometimentos com os nossos clientes.

Em uma determinada altura da negociação começa-se a fazer promessas e concessões impossíveis de serem cumpridas, mas o profissional "vendenciador" não percebe isso; ele está focado no objetivo que é concluir a negociação e então começa a ceder, nem percebe que está prometendo o que não poderá entregar, apenas deseja concluir a negociação, e isso permeia todo o trabalho de falsas promessas e coloca a equipe, empresa e toda a credibilidade do profissional em risco.

Não devemos confundir flexibilidade com promessas irrealizáveis! Flexíveis, devemos ser sempre durante o processo, pois se houver apenas enrijecimento não chegaremos a lugar algum, mas devemos nos atentar às promessas de negociação que não serão esquecidas pelos nossos clientes.

Quando prometemos o que não conseguiremos entregar, corremos o risco de termos resultados negativos no negócio, pois na maioria das vezes buscamos soluções desesperadas e gastamos todo o recurso na tentativa de cumprir o prometido ou de não abalar nossa credibilidade junto aos nossos clientes, tudo isso em vão, pois recursos financeiros serão gastos, profissionais se estressarão e os clientes perceberão nosso movimento quase que infantil de "salvar" nossa reputação.

A pergunta que devemos fazer é: – Que reputação?

O simples fato de prometer entregar ao cliente algo que se sabe não conseguir, já mostra que não temos e não damos valor à reputação!

A única forma de evitarmos isso é nos atendo ao que podemos prometer sem correr o risco de não entregar.

Por isso mesmo, todo negociador humano deve conhecer profundamente os processos envolvidos em cada produto e serviço que negocia; somente desta forma ele terá conhecimento do que pode ou não prometer.

Se um negociador promete entregar um determinado pedido em um prazo x, deve saber o que envolve esse comprometimento para as outras áreas da empresa, o mesmo se dá em um projeto de promoção ou patrocínio.

Parece óbvio e o é, porém, a maioria se compromete com seus clientes sem ter o menor conhecimento das outras áreas envolvidas.

Agindo desta forma ele não só compromete sua reputação, como coloca em cheque a capacidade dos demais, pois se não cumprem o prazo a responsabilidade é de todos.

Uma das principais informações que um negociador deve ter é a de até onde ele pode ir, levando sempre em consideração sua capacidade de ceder um pouco para chegar ao seu objetivo.

A melhor forma de proceder, sem parecer ao cliente que está negociando com quem não decide, é termos várias "moedas" no bolso que servirão para troca durante o processo. Tenha previamente um portfólio de possibilidades e que poderá oferecê-las a seus clientes sem comprometer sua imagem.

Faça o exercício de checar o que não está incluso em sua proposta inicial e que poderá servir como "bônus" na hora da negociação. Muitas vezes o cliente quer ter a palavra final, pois está investindo em sua proposta e isso inclui exigir algo a mais que não está contemplado no projeto apresentado.

Claro que se qualquer negociador tiver de ligar para o escritório, fazer uma reunião para depois voltar a se reunir com seu cliente, perderá força durante o processo *(ninguém quer negociar com quem não tem autonomia)* e deixará passar uma grande oportunidade de conclusão da negociação, pois quando o cliente começa a colocar outras exigências na mesa estamos a um passo da concretização. Se perdemos esse momento, podemos comprometer toda a negociação. Portanto, curiosamente quando somos colocados contra "a parede" com uma exigência a mais, estamos muito próximos de concluir o negócio e devemos ter nossas "moedas" para deixá-las à disposição de nossos clientes, e só podemos fazer isso com segurança e sem comprometermos a "entrega", quando previamente sabemos quais serão nossas ofertas fora da proposta.

No ramo de eventos, patrocínios, expedições, aventuras etc. há um sério problema, todos pensam que podem formatar uma idéia e levantar os recursos necessários para realizá-la sem investimento do próprio bolso, o que é um absurdo! Você não pode abrir uma franquia, seja do que for, sem recursos financeiros, e da mesma forma não pode realizar uma expedição ou organizar um evento esportivo sem investir seu próprio dinheiro.

Porém, muitos idealizadores não concordam com isso, e sem experiência e o menor senso crítico, *(existem várias pessoas que após irem a um evento resolveram tornar-se promotores porque acharam que iriam ganhar dinheiro fácil)* se lançam na empreitada fazendo de tudo para convencer seus potenciais clientes de que devem investir no projeto. Esses "profissionais", por não terem nenhum nome no mercado, não buscam zelar por ele, prometendo mundos e fundos aos clientes prospectados, e sem o menor critério acabam por comprometer todo o projeto. O pior é que às vezes, quando originais, são idéias excelentes, porém mal administradas e, pior ainda, negociadas!

Percebi que há inúmeras idéias, mas poucos negociadores aptos e com nome no mercado para negociá-las!!!

Quando em reunião com um empreendedor ou idealizador de uma idéia é importante perceber se ele tem o perfil de prometer sem cumprir. Pessoas com essas características agem desta forma com todos e não apenas com investidores. Se prometerem muito a você e não cumprirem, certamente o farão com todo o projeto.

Como o maior patrimônio de um negociador humano está em sua credibilidade, cuidado para não comprometê-la com empreendedores duvidosos. O melhor é checar no mercado quem é ele, por mais que você esteja apaixonado pelo projeto. Nesse ramo a máxima "diga com quem andas e te direis quem és" é algo levado muito a sério.

Todo negociador humano sabe *(e se não sabe, não pode ser considerado um negociador)* o que prometeu em uma mesa de negociação, não importando o que está escrito em um contrato. Sabemos claramente o que durante a negociação dissemos: – Posso lhe dar tais coisas ou assumo estas responsabilidades sem custos extras etc.

E mesmo que isso não esteja registrado em lugar algum, está na cabeça das pessoas envolvidas, e quando não nos eximimos de arcar com o prometido, vamos formando tijolo a tijolo, pedra a pedra nosso castelo de confiança, e quando pronto, nada do que disserem poderá derrubá-lo!

Mas se nos isentarmos de arcar com nossa palavra dada a um parceiro, cliente ou patrocinador, jamais teremos um castelo; ouso dizer que sequer ergueremos uma parede, quem dirá uma edificação!!!

Em um mundo regido por contratos e tecnologia, o negociador humano deve procurar manter sua palavra custe o que custar, por isso mesmo devemos ter critério e conhecimento de tudo para podermos arcar com ela e não agirmos de modo "a apagar incêndios", atitude que demonstra claramente a leviandade com que o projeto foi tratado pelo negociador e sua equipe.

Quando cumprimos com nossa palavra, somos lembrados por todos como pessoas de confiança e dignas de credibilidade. E pessoas assim devem ser levadas em conta e buscadas para compor equipes e projetos que requerem profissionalismo e resultados.

São esses negociadores humanos que atraem grandes investimentos para qualquer projeto e/ou empresa que representem, são eles que podem concretizar grandes parcerias e realizar grandes feitos.

Não conheço nenhum negociador que, negligenciando sua palavra e seus compromissos assumidos, tenha feito alguma diferença, talvez tenha até obtido algum resultado comercial, porém certamente medíocre, perto do de grandes profissionais negociadores humanos.

Neste processo há ainda o jogo do empurra-empurra. Isto se dá quando o negociador tenta empurrar para o cliente a responsabilidade de certos assuntos e o cliente não concorda. Quando isto acontece alguém deve ter o bom senso de pôr um fim na disputa e seguir em frente. Várias vezes assumimos certas responsabilidades que se fôssemos analisar detalhadamente pertenciam ao cliente.

Mas isso não é de fato uma excelente oportunidade de praticar o *marketing* de indispensabilidade?

Vale lembrar que muitas vezes o negociador que representa o cliente tem uma postura leviana, tentando se eximir dos compromissos assumidos em reunião. O negociador humano não deve se abalar. Lembre-se, ninguém vai muito longe agindo desta forma, e não podemos comprometer todo o projeto por uma atitude de um "funcionário" (uma pessoa com esta atitude certamente faz jus a este nocivo rótulo) que amanhã poderá estar em outro lugar, então assumimos a postura de parceiro e buscamos o meio termo, a fim de concretizarmos o projeto com menor dano possível à imagem de ambos os lados *(claro, para fazermos isso devemos anular nosso ego que é, sem dúvida, um dos fatores mais difíceis durante uma negociação)*.

Já vivenciei um incidente em que um profissional de uma indústria internacional, com receio de perder o emprego, simplesmente responsabilizou todos no projeto por algo que era de sua competência. Nos vimos em uma posição em que não havia como nos defender, pois agiríamos da mesma forma e não podíamos assumir algo que era da área interna da companhia. Nesta hora o que mais contou foi o histórico de anos de parceria e relacionamentos humanos, pois quando toda a situação tomou uma dimensão a ponto de envolver o presidente da companhia, profissionais com os quais lidávamos havia anos lembraram que nunca faltamos com nossa palavra e tampouco prometemos algo e não cumprimos.

Resultado: o cliente se desculpou pessoalmente!!!

Não se esqueça que muitas vezes pode ser o cliente-empresa, na pessoa de um "funcionário" inseguro, que faltará com a palavra, e quando isso acontecer somos postos à prova e toda a nossa competência deve se fazer presente nesse momento.

Se nos deixarmos levar pelo nervosismo emocional que se abate nestas circunstâncias, corremos o risco de colocarmos toda uma relação atual e de futuros projetos, a perder. Portanto, o negociador humano deve esvaziar a mente e buscar serenidade sem deixar a impressão de leviandade. Apenas pense... e busque, sobretudo, tranqüilizar o cliente.

Algo que vez por outra ocorre dentro deste relacionamento com clientes é a interpretação ou distorção dos fatos; isto se dá quando o cliente investe recursos financeiros no projeto, mas não investe horas-vida, não se envolve emocionalmente e nem tecnicamente, passando a ser apenas um provedor de recursos.

Muitos idealizadores de projeto pensam erroneamente que o melhor patrocinador, cliente, investidor é aquele que disponibiliza recursos, mas não participa do desenvolvimento do projeto; alegam que desta forma podem trabalhar com mais tranqüilidade e sem fazer grandes concessões.

ISSO É UMA DAS PIORES RELAÇÕES QUE PODE SE TER. E POR QUÊ?

- Pelo fato de que quando não há envolvimento emocional, não há amor e carinho pelo projeto, portanto, ele pode ser um dos facilmente excluídos ao menor sinal de problemas.
- O cliente pode entender de forma equivocada os detalhes do projeto, o que certamente acarretará problemas nas diversas fases de realização do mesmo.
- Por não haver conhecimento detalhado das fases, muitas vezes, colaboradores que representam o cliente agem de forma a prejudicar o projeto, ora por desinteresse, ora por insegurança. O receio de não entender algo leva instintivamente a uma postura contrária ao propósito. Por não conseguirem responder as perguntas que superiores possam fazer a respeito, optam por anular derradeiramente o projeto.
- Sem envolvimento emocional e profissional não há porque manter uma relação de negócio. Se a equipe que representa o cliente não tiver total convicção de que o projeto a ajudará a atingir uma meta interna, seja comercial ou institucional, não defenderá o investimento. E se pensarmos verdadeiramente, não há porque investir em algo que não nos traz nada, não é mesmo?
- Só é possível sensibilizar o cliente e/ou patrocinador com nossos retornos, seja de mídia espontânea ou de imagem institucional, se ele acompanhar o desenvolvimento do projeto. Do contrário, serão apenas números e gráficos em uma folha de papel que por si só não representam nada!!! Passam a dizer algumas coisas, a partir do momento que os profissionais envolvidos, representantes do cliente e/ou o patrocinador, conseguem mensurar o esforço de todos por estes resultados.

Somente com esse envolvimento, o cliente reconhecerá seu empenho para conseguir tais resultados e estará seguro, por conhecer o projeto a fundo, as pessoas envolvidas e, sobretudo, as promessas e acordos feitos em reunião que foram todos honrados e cumpridos, percebe que não lhe foi negociado nada que não lhe foi entregue.

É importante lembrar sempre que todo o sucesso obtido com qualquer projeto é, sem dúvida, o esforço de muitos seres humanos, inclusive dos que integram a equipe do cliente e/ou patrocinador.

Percebo que uma postura comum é a supervalorização dos idealizadores e realizadores de qualquer projeto e/ou novo produto no mercado, e que, após sua concretização e consolidação começam a agir como as "grandes" mentes por trás de tudo, deixando-se levar por uma vaidade que pode comprometer totalmente a relação futura com os clientes, assumem as responsabilidades e os créditos pelo êxito obtido. E isso é uma inaptidão enorme para com os seres humanos que se dedicaram ao mesmo, gerando um desconforto na equipe interna do cliente e/ou patrocinador. Pode até parecer antagônico, já que o projeto foi coroado de êxito, mas lidamos com seres humanos que se empenharam na concretização do projeto e esta postura pode e irá dificultar muito a renovação da parceria.

O ideal é ser verdadeiramente sincero e dividir o crédito e mérito do sucesso com todos.

Uma reunião pós-projeto com os superiores elogiando o desempenho e comprometimento da equipe ou um almoço e uma carta oficial reconhecendo e agradecendo as horas-vida dedicadas, pode fazer "milagres" na relação cliente x negociador.

Mesmo que os empreendedores mantenham esta postura de superioridade, o negociador humano não o faz; não é digno, não é profissional e muito menos humano, podendo comprometer a relação e estabelecer o fim da parceria.

Projetos e produtos de sucesso possuem início, meio e fim. Por melhor e maior que seja a idéia, não existe nada que está o tempo inteiro por toda a vida em evidência, pois isso seria o fim da evolução e da superação, porém, relacionamentos humanos, quando bem cuidados, podem durar por toda uma existência e contribuir não apenas para um único, mas sim para inúmeros ciclos de sucesso!

Atenha-se a essa postura, e ao menor sinal, busque corrigi-la, seja por profissionalismo ou por bom senso. Lembre-se de que ninguém chega a lugar algum sozinho, inclusive o ser humano negociador!

–V–

Negociar é manusear sonhos que têm como objetivo final a realização

> *Vender, na maioria das vezes, é retroativo. Enquanto negociar é proativo, é a arte da criação e da realização.*

Todo negociador é um manuseador de sonhos...

A arte da negociação em todos os seus aspectos traz consigo a incumbência universal de realizar sonhos...

Diplomatas e chefes de estado sonham com nações mais justas e livres para todos, líderes espirituais esclarecidos sonham com a liberdade e respeito a todos os tipos de fé, idealizadores de projetos artísticos sonham ver pessoas se divertindo e artistas se descobrindo, empreendedores sonham ver as fábricas, produtos e serviços melhorando o mundo.

E a conexão entre todos esses sonhos e seus idealizadores são os negociadores humanos.

Até mesmo um vendedor de eletrodomésticos, apercebendo-se disso, começará o processo de transformação em negociador humano. Um corretor, um atendente de loja de carros, um representante de uma indústria de móveis, são todos realizadores de sonhos.

Na profissão de negociadores humanos temos em nossas mãos o poder e a responsabilidade de realizar sonhos. E o que seria de nosso mundo, nossa sociedade, nossa espécie, se não fosse a capacidade de sonhar e realizar?!

Daí a importância que está intrínseca na vida do negociador!

Por isso não podemos e não devemos aceitar o demérito com que somos, todos que atuamos na área, tratados e renegados a simples vendedores. Vendedores não são de forma alguma realizadores de sonhos, agem apenas pelo papel-moeda corrente em cada país e poderiam ser comparados a mercenários.

Quando analisarmos o porquê que se retirou o crédito dos negociadores humanos, de realizadores de sonhos, resumindo-os a meros vendedores, descobriremos que foi por medo.

Isso mesmo, medo! Medo de que o poder que estava nas mãos dos negociadores humanos pudesse derrubar o governo estabelecido em todas as épocas!

(Você deve estar se perguntando: – O que esta observação está fazendo em um livro sobre negociação??? Eu lhe respondo: – Isso tem tudo a ver com a profissão.)

Por que os diplomatas e grandes negociadores humanos detêm todo o *glamour* e os atendentes de lojas são resumidos a vendedores?

Simples: atitude!!!

Se você assumir e resgatar o valor de sua profissão, verá que detém nas mãos o poder de realizar sonhos. Quando vendemos uma TV, crianças daquela família terão horas inesquecíveis em suas vidas, que levarão por toda a idade adulta.

Quem não se lembra dos desenhos animados da infância? Pica-Pau, Perna-longa, National Kid, Pantera Cor de Rosa, e mais recentemente todas as animações da Disney?

Essas memórias só são possíveis porque alguém fabricou, negociou e entregou uma TV na casa da família.

E nesse processo a arte da negociação se fez presente em todos os departamentos, desde a engenharia na fábrica, passando pela campanha publicitária e por fim chegando ao profissional que é pouco glamourizado; o negociador final, o que recebe o cliente na loja.

Pense nisso, você não é um simples vendedor e sim um realizador de sonhos! Seus colaboradores são realizadores de sonhos! Membros de sua equipe são realizadores de sonhos!...

Quando atentamo-nos para essa importante função que está implícita na profissão de todo negociador humano, tudo muda!

Imagine, realizadores de sonhos... são como pequenos deuses aqui na Terra, trazem em suas palavras e cabeças o dom de tornar real algo sonhado, almejado e idealizado anos a fio por diversos corações...

Você já se atentou a uma pessoa que consegue comprar seu primeiro automóvel?

Ou a uma família que após anos de trabalho consegue adquirir sua casa ou apartamento próprio?

É incomensurável a energia de alegria que emana dessas pessoas.

Ou quando alguém, após anos, consegue fazer sua primeira viagem para um determinado país tão sonhado? É simplesmente estarrecedor!!! E quem ajudou na concretização desses sonhos? Um profissional da área comercial, não fosse por ele, seria quase impossível a existência do mundo moderno e de toda a sua comodidade e quantidade de sonhos realizados.

Ao atentarmo-nos para essa razão maior e para esse poder que nos foi dado, começamos a encarar o dia-a-dia da profissão de forma completamente diferente, e a partir daí "transformamo-nos".

Não nos focamos apenas em "vender" cada vez mais e mais e sim em realizar cada vez mais sonhos. É divino!!!

Por que nos contentarmos em cumprir apenas a meta estabelecida enquanto podemos ajudar a concretizar sonhos de uma vida?

Imagine para onde o mundo contemporâneo está indo...

Estamos no início do século XXI, viagens ao espaço começam a ser oferecidas por agências de viagens, carros inteligentes, casas com funções tecnológicas que permitem a você programar até a hora de ligar a hidromassagem, telefones celulares que dispõem de múltiplas funções e recebem sinal de TV... tudo isso nos chama a atenção para o fato de que para "vender", muito em breve, não se precisará mais de seres humanos. As lojas virtuais aumentam e chegam ao nosso país com uma velocidade espantosa e crescem cada vez mais os números de seus faturamentos.

Muito em breve não mais veremos esta quantidade de lojas com seus produtos em exposição para serem comprados. E sabe por quê?

Porque não será mais lucrativo!

Hoje em dia é mais barato comprar qualquer coisa pela internet, e não em uma loja convencional.

Esta é uma tendência mundial que não tem mais volta, por isso mesmo devemos nos ater à nossa capacidade de manusear e realizar sonhos...

Imagine-se empreendedor com todos os encargos e despesas para manter qualquer negócio. Agora pense se você descobre uma tecnologia que permite obter os mesmos resultados aumentando sua lucratividade.

Por que razão você manteria sua estrutura e seus funcionários-vendedores?

Simplesmente: – Não há razão!

O que quero dizer é que o mundo em breve não precisará mais de vendedores! Mas necessitará cada vez mais de realizadores de sonhos...

Portanto, se você atua em qualquer área, saiba que está na hora de se ater a uma verdade, nossa espécie tem muitos sonhos a realizar e você, como negociador humano, tem a capacidade de ajudar!

O simples fato de nos aperceber dessa mudança que está ocorrendo agora, a olhos nus, já nos faz refletir sobre nosso comportamento e direcionamento profissional na arte da negociação humana.

Podemos nos ater ao comportamento que vem se repetindo desde o início do século passado, com pouquíssimas mudanças comportamentais diante da profissão, apesar das mudanças estruturais e tecnológicas da sociedade e termos cada vez mais resultados aquém do esperado, ou abrirmos os "olhos da percepção" e enxergar que o futuro dos profissionais da área comercial está em sua capacidade inata de manusear e concretizar sonhos!

Como os sonhos fizeram com que a humanidade chegasse até aqui, podemos atribuir a eles o mérito de nossa espécie ter chegado aonde chegou.

Por isso mesmo sonhos são "elementos" que devem ser manuseados com todo carinho e responsabilidade; sonhos não possuem tamanho, pois são subjetivos para cada um de nós. Sonhos não têm idade, pois não há como diferenciar o sonho de um ser humano de cem anos e o de uma criança de cinco.

E por fim, sonhos são imaculados!!!

Ao observarmos os valores que atribuímos a eles, entendemos como são importantes para cada um de nós, por isso mesmo requer profissionais humanos para ajudar-nos a realizá-los. Quando encontramos um, nos tornamos eternamente clientes dele.

Despertar para essa verdade nos faz ver qualquer negociação como algo que tem uma missão dentro do Universo, por que nos ater simplesmente em cumprir a meta?

Quando damos a devida atenção aos nossos clientes, percebemos o quanto é importante para eles a concretização e realização da negociação em questão.

Quando realizamos nossos sonhos é sublime a energia de plenitude que toma conta de nosso interior... É uma conexão com o divino...

A principal atribuição que um negociador humano pode ter é zelo, atenção e ocupação com o realizar dos sonhos de seus clientes!

Imagine que sua filha ou filho sempre quis estudar fora do país e você, como pai ou mãe zeloso(a), se planejou para possibilitar esse sonho a eles. Quando você sentar frente ao atendente que representa o curso ou escola escolhida e ele pensar em lhe vender o que tiver disponível em sua "prateleira" de opções e atingir sua meta, o que você faria? Investiria o futuro educacional de seus filhos na mão de um simples vendedor?

Então não é diferente com seus clientes.

Não se engane, todo cliente quer realizar um sonho...

Quando um patrocinador decide investir em seu projeto, ele provavelmente optou entre vários; se respeitarmos o profissional que representa a empresa patrocinadora e aceitarmos o fato de ele saber como escolher utilizando critérios técnicos e objetivos explícitos no mesmo, podemos concluir que isso ele certamente encontrou em muitos dos projetos que passou pelas suas mãos, porém, o que o levou a escolher o seu? Não, não foi por que o seu é o melhor, mais bonito etc. do mercado, mas foi por haver uma identificação para com ele e por conseqüência, para com você.

Seu patrocinador deseja realizar um sonho por meio de seu projeto, por isso mesmo a relação é de simbiose, um depende do outro.

Essa relação deixa vir à tona o melhor de nós, como profissionais e como seres humanos.

Porém, o que acontece na maioria das vezes? O vendenciador despreza essas emoções e se atém apenas à capacidade de conseguir tirar o máximo de recursos do patrocinador e, é aí que a "coisa" começa a complicar.

Absurdamente os melhores profissionais do mercado em algumas áreas possuem essa premissa. As grandes agências de publicidade, se tivessem na cabeça de suas duplas de criação apenas o vender cada vez mais sem um motivo maior, a propaganda não teria ganho a atenção dos consumidores. Se os escritores de romances, roteiros de cinema e novelas pensassem em vender, perderiam a inspiração e não criariam obras inesquecíveis.

Por que razão então, no mundo dos negócios em todos os seus níveis, os negociadores abriram mão de sonhar e realizar sonhos transformando-se em simples vendenciadores?

Lembre-se, por melhor que seja o seu resultado, ele é inferior ao que pode vir a ser quando você encarar a verdade: você, como negociador humano, é um realizador de sonhos, inclusive dos seus.

Exatamente por isso negociar é a arte de manusear sonhos alheios e ajudar a concretizá-los.

Não é para todos, mas pode ser para você! *(a frase não é minha, mas se encaixa perfeitamente em nosso contexto).*

Comece a encarar cada cliente como uma possibilidade de ajudar a realizar sonhos e verá como tudo muda. O senhor que quer a TV torna-se uma oportunidade de compactuar com algo importante na vida desse semelhante e é você quem está de frente a ele para ajudá-lo. O pai que tanto trabalhou para presentear sua filha com um automóvel quando ela completar maioridade, escolheu você para ajudá-lo neste passo final, atenha-se ao fato de que este sonho pode ter começado na cabeça dele há vinte anos, antes mesmo de a filha nascer, e se a inteligência do cosmo escolheu e arquitetou para que você o ajudasse neste ato importante, concorda que não foi à toa ou por acaso?

Não importa o que dizem os gurus de Wall Street, se não fosse por você, que atende dia a dia o consumidor final, não seria possível negociar papéis na bolsa; da mesma forma que com tanta concessionária na cidade e com a possibilidade de se comprar um automóvel até pela internet, foi você o escolhido para esse passo final.

Imagine quantas pessoas contribuíram com suas idéias e horas-vida para que um determinado cliente estivesse em sua frente pronto para negociar.

São dezenas e, às vezes, até centenas de pessoas; o departamento de projetos, o *marketing*, a tecnologia, a agência de criação, promoção, divulgação, o departamento de recursos humanos, enfim, uma infinidade de cérebros e vidas dedicadas a levar o cliente até você. E você, como negociador, é o finalizador, é você o artista final e um dos mais importantes no processo. Se você falhar na negociação, como ficarão todos os demais?!

Está em suas mãos a capacidade de mudanças.

Por que transformar algo sublime em uma simples venda?

Pela idéia equivocada que assim se conseguiria os melhores resultados para todos, fabricantes *(porque poderiam fabricar maior quantidade)*, distribuidores *(porque aumentariam os pedidos e conseguiriam melhores preços)* e os lojistas finais *(pois aumentariam o volume de vendas)*. O que esqueceram é que toda compra importante e agora até as menos importantes "são geradas a partir da emoção" e não considerar isso é uma leviandade que o consumidor atual, seja pessoa física ou jurídica, não perdoa.

Atualmente os clientes querem qualidade de produtos e serviços, preços competitivos e atendimento humano.

Em todos os segmentos percebemos isso, até os fabricantes de motores começam a participar de feiras para o público final, a fim de transformarem seus produtos em objetos de sonhos.

Se você é um negociador obcecado por atingir metas, por que não superá-las incrivelmente?

Se você é um negociador objetivo, porque não atingir seus clientes com humanidade e assim aumentar sua produtividade?

Se você é um negociador estrategista, já deve ter passado por situações que o surpreenderam, pois a atitude do ser humano à sua frente foi inesperada. Então por que não incluir em sua próxima estratégia de negociação valores humanos? Como bom estrategista, você deve gostar de ver as coisas saírem do jeito que você traçou, então comece a considerar que assim como você gosta das coisas do seu jeito, seu cliente também gosta. Considere isso e verá que seus resultados podem surpreendê-lo.

Se você é um vendedor(a) e tem dificuldades para cumprir as metas *(a maioria tem, não importa o que você ouve, quase todos os vendedores têm dificuldades com metas)*, por que não começar as mudanças para uma abordagem mais negociadora, mais humana? Por que não utilizar o poder de realizar sonhos em prol do seu semelhante e de si mesmo?

Atenha-se ao verdadeiro motivo de existirem pessoas como você na área comercial, o motivo maior, o que gera transformação no mundo e no Universo. Sem você o sistema atual pararia, são os negociadores humanos em todos os seus níveis e áreas que possibilitam as mudanças.

Lembre-se, o Universo não pára um segundo, e você contribui para essa constante evolução, pense nisso! Você não é um simples vendedor, a não ser que você aceite isso como sua verdade!

Mude sua forma de se relacionar com seus clientes e verá o milagre da multiplicação acontecer em sua vida! Não é religião, é a lei de ação e reação que rege tudo ao nosso redor.

Ser um negociador humano realizador de sonhos dá o mesmo trabalho que ser um negociador exato e indiferente. A diferença é que na primeira opção você constrói uma carreira-patrimônio *(seu nome, seus clientes, parceiros, fornecedores, amigos e sua fortuna)*, nesta opção você se destaca dos demais, não por dirigir um carro melhor ou usar roupas de grife, mas pelo que você ajudou a realizar, sonhos de seus clientes que você se dedicou incansavelmente e só sossegou quando os viu realizados. Você forjou a "ouro-humano" sua marca no coração de cada um deles, e isso ninguém esquece!

Na segunda opção você será mais um, entre os milhares que existem que não se importam com nenhum resultado que não seja o seu e o de sua empresa; quando ele não mais representar esse logotipo, ninguém se lembrará dele, pois não terá deixado nenhuma assinatura nos corações pelos quais passou, e até as suas posses serão inferiores ao que poderia ter sido!

Na arte de manusear e realizar sonhos, devemos nos humanizar cada vez mais, devemos nos atentar a cada sorriso, a cada olhar, a cada gesto das pessoas a fim de nos impregnarmos dessa humanidade e usá-la em benefício de nossos clientes.

Quando fazemos esse movimento, descobrimos nossa capacidade máxima de realização, nossa inteligência misteriosamente torna-se mais ágil, mais perspicaz e nossa capacidade de raciocínio entra no módulo universal, onde tudo tem um significado, e saber decifrá-lo nos propicia enxergar mais longe e em longo prazo.

Os grandes negociadores da história foram, antes de tudo, grandes sonhadores e realizadores de sonhos...

Se Mahatma Gandhi não tivesse "DESPERTADO" para o sonho do povo indiano de se ver livre do império britânico, não seria o grande negociador que foi. Sua vontade de realizar o sonho daquele povo foi imprescindível para nortear sua causa e orientá-lo em sua jornada.

Você consegue imaginá-lo negociando com o poderio britânico por uma causa tão nobre de forma exata e sem humanidade?

Dá para imaginar a Princesa Isabel negociando com o reino português e com os senhores de fazenda a abolição dos escravos no Brasil sem o sentimento verdadeiro de realizar o sonho do povo negro em nosso país de ser livre? Com o seu envolvimento humano para uma causa tão nobre, ela despertou seu "poder" de negociação e ajudou a concretização de um sonho!

Se Oskar Schindler não tivesse se "humanizado" durante o holocausto, não teria conseguido jamais negociar a vida de centenas de pessoas do povo judeu que foram exterminadas covardemente pela Alemanha nazista. Sua força e capacidade de negociação para com os militares governantes daquele país naquela época de trevas, provieram da vontade de realizar o sonho de salvar quantas vidas fossem possíveis em meio ao caos. Sua capacidade de negociador humano foi o que lhe deu sabedoria e discernimento para ajudar a concretizar os sonhos daquelas pessoas!

Portanto, não se iluda, por mais competente que um profissional de negociação possa ser, ele só experimentará seu "poder" quando começar a realizar sonhos, e isso só é possível em sua plenitude quando nos ativermos para essa missão maior... Essa sabedoria não está em nenhum livro ou curso, mas sim dentro de cada negociador que busca se humanizar cada vez mais para conseguir com isso, enxergar todas as possibilidades ao seu redor.

Quando importamo-nos com o que é importante para nossos clientes, patrocinadores e parceiros, quando buscamos soluções que sabemos, irão ajudá-los verdadeiramente, é que surgem idéias criativas, perspectivas e conclusões que trazem em si essa energia realizadora, somente aí, que obteremos nossos melhores resultados.

Nossos maiores feitos estão em nossa capacidade de manusear e concretizar sonhos alheios, e a conseqüência inevitável disso é a geração de riquezas para todos os envolvidos!

Se analisarmos o conceito do sistema capitalista, veremos que ele propicia a distribuição de recursos para todos, porque gera riqueza para todos.

O fato de alguns terem muito e outros, pouco ou quase nada, está na atitude de como encaramos a vida e como interagimos com o sistema.

Nenhuma atitude mesquinha ou sovina é digna de acessar o poder de realizar sonhos e por isso mesmo, medíocre. Não é sendo mesquinho ou só querendo e se importando com nós mesmos que geraremos riquezas ao nosso redor, esta é uma energia contrária à própria energia da riqueza e da prosperidade.

Muitos profissionais graduados e bem relacionados passam por adversidades financeiras e se sentem injustiçados com o que ganham, também muitos deles agem da mesma forma com seus clientes e colaboradores, importando-se verdadeiramente muito pouco ou nada com os resultados deles. O que acontece? As ações geradas por eles refletem uma reação em suas carreiras. Até os mais céticos poderão concluir que o resultado desta equação, mesquinharia + falta de interesse sincero e comprometimento com o projeto de seus clientes e semelhantes, não poderia ter um resultado diferente.

Não é o sistema no qual vivemos que faz a diferença em nossas vidas profissionais e pessoais, mas sim, nossa forma de vê-lo.

A forma como encaramos o mundo e a vida ao nosso redor é que influenciará diretamente no formato de negociação que escolheremos para utilizar em nossos projetos e aplicarmos em nossas parcerias.

Portanto, não há como ser um negociador implacável, inflexível, exato e arrogante e em nossa vida pessoal sermos sensíveis, companheiros e amigos. Sempre levaremos para nossa forma de negociar as características de nossa personalidade, está implícito na metodologia de se expressar e colocar suas idéias.

Tornar-se um negociador humano refletirá em todas as suas relações e influenciará diretamente em todas as suas resoluções...

Perceba a força que está em você, perceba o poder que a mente criadora do Universo colocou em suas mãos, perceba o dom que Deus lhe deu!

Quando fizer isso, entenderá que em um processo de negociação, seja de um brinquedo que um pai dará a seu filho no Natal ou em uma grande aquisição empresarial, sempre, sempre estará intrínseco o realizar de um ou vários sonhos!...

–VI–

O poder do negociador

> *Seu poder está na sua capacidade de articulação, em sua rede de contatos, nos relacionamentos que gerou e na quantidade de indispensabilidade que semeou.*

HÁ QUEM DIGA QUE O PODER DE UM NEGOCIADOR ESTÁ NOS CURSOS QUE ELE FEZ, nas línguas que domina, no terno que usa, no celular em que fala, no *palm* e no *notebook* em que trabalha, no carro que dirige, no logotipo de seu cartão, no cargo que ocupa e, sobretudo, no projeto que representa.

Devemos pensar nisso como acessórios de um negociador

Os cursos: todo profissional deve se atualizar e estudar sempre, já que o conhecimento nunca é demais, mas de nada adianta ter conhecimentos teóricos se você não os adapta para o dia-a-dia com competência e com discernimento. Nem tudo que está em livros e salas de aula será aplicado 100% na íntegra no mercado, servem sim para nos nortear, aprender com as experiências e sabedoria alheias.

As línguas: as línguas que dominamos seja inglês, português, francês, espanhol, italiano etc. nos permitem falar com as pessoas, mas não nos permitem comunicarmo-nos. Para nos comunicar em qualquer lugar do planeta é necessário escutar e interpretar os outros. Se formos poliglotas será ótimo, poderemos viajar e contar piadas, mas para negociar precisamos aprender a falar a língua universal que chamo de "humanol"[2]. Ela nos permite perceber os tons corporais dos nossos semelhantes, seus medos, anseios e desejos...

Somente quando aprendermos a falar essa língua, fazendo uso da retroinformação,[3] é que começaremos a verdadeira transformação em nossas carreiras. Portanto aprenda línguas, mas aprenda também o mais importante, comunicar-se com seus clientes pessoa física e não apenas com a jurídica.

O terno: roupas de grife tornaram-se famosas nos meios corporativos, sobretudo nos anos 80 quando "*yuppies*" - *young urban professionals* "jovens profissionais urbanos" *(na prática, jovens executivos que tinham por objetivo ganhar seu primeiro milhão de dólares até os 30 anos)* representados por astros de Hollywood como Michael Douglas e Charlie Sheen em "Wall Street", *(filme dirigido por Oliver Stone, que no Brasil teve agregado o subtítulo "Poder e Cobiça")* entre outros, vendiam a idéia de que você é o que você veste!

Uma idéia ridícula, pois se levada ao pé da letra poderíamos vestir qualquer pessoa sem a menor habilidade em negociação, que ela se tornaria um excelente negociador.

Devemos nos vestir com bom gosto, mas isso não fará a menor diferença durante uma negociação, a não ser para complicar e ampliar os conflitos de ego durante o processo, pois se um jovem profissional estiver vestindo um terno Armani e achar *(e acham, presenciei tantas vezes que perdi a conta)* que é o supra-sumo profissional e que suas idéias e projetos são o que há de melhor, o mais provável é que gerará uma antipatia ao invés de empatia, e a partir daí você pode imaginar o que acontecerá. Você negociaria, patrocinaria ou faria qualquer tipo de parceria com um modelo de superioridade? Pois é, nem seus clientes!

Vista-se bem, mas não torne isso uma ferramenta de trabalho, se você tiver de negociar um projeto na África Equatorial ou no Cairo, acha mesmo que seu terno vai ajudar?

---

2. Humanol: linguagem corporal e energética com que todo ser da espécie humana se expressa, mesmo que não tenha consciência disso.
3. Toda informação que o ser humano à nossa frente nos transmite.

Celular e *Palm*: francamente, você acha que é um profissional melhor porque usa um *palm* ou um celular de última geração?

Imagine-se em 1990. Não havia *palm* ou celular em nosso país e grandes negócios eram realizados. Então não seja bobo, como um menino que ganha o primeiro videogame. Essas são unicamente pequenas ferramentas de trabalho, já que ninguém irá fechar negócio com você porque você usa um celular que tira foto ou porque usa um *palm* que permite conexão com a internet.

***Notebook*:** "livro de notas", em tradução literal. Então que ele seja apenas isso, pois se for mais que isso, daqui a pouco as corporações perceberão que o profissional é dispensável e que o computador poderá fazer tudo sozinho. Lembre-se: você, ser humano negociador, é quem faz a diferença, não o seu *notebook*.

O carro: somos pessoas e como tais gostamos e precisamos de automóveis, porém, achar que um automóvel importado trará um negócio ou o fará mais respeitável não só é ridículo como pouco inteligente! Um carro gera despesas, não entra em uma sala de reunião e, especificamente no Brasil, dá um *status* imbecil, já que muitos dos executivos que atuam no mercado e dirigem carros de grife, sequer quitaram seus apartamentos ou investiram em viagens para oxigenação da mente ou aprimoramento de conhecimentos. Você pode refletir... Quantas negociações você concluiu pelo fato de dirigir um automóvel de luxo?

Então, dirija o carro que quiser, mas saiba que ele não servirá para criar nenhum vínculo com seus clientes e parceiros.

Ele não lhe dará aprimoramento, nem o tornará mais sábio. Automóveis são o que são: carruagens modernas, nada mais. Se você deixá-lo tomar um espaço maior em seu caráter profissional poderá ficar sem ele, e como irá atuar?

Logotipo e cargo: um dos melhores negociadores que conheço não dispõe de cartão ou cargo, ele representa pescadores no Nordeste brasileiro que não sabem sequer ler e escrever. Já imaginou negociar o destino de mais de 40 mil homens e mulheres que vivem da pesca e que 70% são analfabetos? Acha mesmo que um cartão feito com papel de gramatura especial e um logotipo bonito faz alguma diferença?

O logotipo de seu cartão serve apenas para dizer quem você representa, ele não diz que você é um ótimo profissional porque ocupa a gerência, direção ou presidência de uma grande empresa. Se o logotipo fizesse de alguém um excelente profissional, Brasília seria um exemplo de administração e competência, já que representa uma empresa chamada Brasil!

Projetos: os projetos que um profissional representa são importantes claro, ninguém quer projetos medíocres em seu portfólio, mas achar que um grande negociador humano só é competente porque representa um determinado projeto é uma visão estreita e deturpada da arte da negociação.

Se um projeto requer um exímio profissional para ajudar com seu conhecimento e experiência em sua realização, como podemos achar que após a realização e êxito desse projeto, o profissional só é eficiente e competente por representá-lo?

Isto é, claramente, uma desvalorização da competência dos negociadores, assim como uma desvalorização humana, que percebemos instalada em grandes corporações mundo afora.

Como isso se sucede? Você deve estar se perguntando.

Essa é uma das estratégias de muitas companhias e chefias de micros, pequenas e grandes empresas.

Primeiro, colocam à disposição de jovens executivos o "kit bobo" (carro, celular, *notebook*...), depois imprimem seus nomes em um cartão bonito e começam a falar das vantagens de muitas viagens e muitos contatos, em seguida chamam de time vencedor a equipe e fazem com que você acredite que negociará melhor e chegará ao topo do mundo se embrenhando em uma corrida e encarando a todos: concorrentes, parceiros, clientes, fornecedores e companheiros de trabalho como adversários...

Por fim, sempre que você questiona o método ou estratégia adotada pela gestão, dizem que você não está vendo as coisas com clareza, que no mundo dos negócios só existem dois tipos de profissionais, os vencedores e os perdedores, que os vencedores estarão em primeiro lugar e começam a citar os bens materiais de um determinado executivo de sucesso. Tal pessoa dirige o carro x, mora em uma cobertura etc.

Quando você pleiteia algo diferente, tanto em estratégia como em recursos financeiros *(todo negociador humano deve ganhar, e sempre ganha muito dinheiro invariavelmente)* e não consegue, começa a pensar que talvez fosse melhor buscar outra colocação, empresa ou projeto.

Tentam fragilizá-lo: – "Veja bem, aqui somos uma grande empresa e/ou projeto. Nós não queremos colocar em cheque sua competência, mas o projeto faz o profissional e aqui você faz parte de um grande time, o time dos vencedores. No mercado há dezenas de profissionais mais 'baratos' e com mais 'energia' ".

Depois dizem que os benefícios oferecidos e o "kit bobo" são o que propiciam o seu desenvolvimento e que o logotipo e cargo impresso no cartão de visitas é seu sobrenome. Por fim dizem o quanto está difícil achar bons projetos e empresas para absorver seu talento.

E o que acontece na maioria das vezes?

Os excelentes profissionais como você, meu amigo, acreditam!!!

Começam a pensar que talvez não sejam tão competentes assim, que o mercado está mesmo muito difícil e que será impossível usar seu talento em outros projetos, já que não existem, segundo "eles" bons projetos à disposição no mercado, e que é o projeto quem faz o negociado. Você começa a acreditar que não poderá negociar sem o "kit bobo", já que ele o torna "um profissional melhor", por fim você se sente tão inseguro, que acaba aceitando que realmente é você que depende do projeto, empresa, cargo e não o contrário.

Uma pergunta para refletirmos: como as pessoas jurídicas realizariam projetos, construiriam fábricas, incorporariam outras empresas e realizariam campanhas publicitárias, consultorias, financiamentos, incorporações e toda e qualquer realização no mundo empresarial?

> Se não fossem pelas cabeças e competências dos seres humanos profissionais que disponibilizam seus conhecimentos e dedicam-lhes suas horas-vida???

Negociadores humanos dedicam horas-vida para essas realizações, e não tenha dúvida, não será nenhum projeto por mais maravilhoso que seja que fará de você um profissional e sim sua capacidade de negociar e aprender, investindo em suas idéias e visões!

Quando os "vendenciadores" se atentarem para o poder de se tornarem negociadores humanos, não mais se deixarão influenciar pelo que diz a mídia e a filosofia corporativa do vender, vender, vender a qualquer custo; não mais comprometerão o amor pela sua família, o tempo de convivência com seus filhos ou os momentos de ternura com a pessoa que amam. Não serão mais acometidos por neuroses, insônias ou estresse *(sendo "obrigados" a trabalhar).* No fundo não é o estresse do trabalho que nos é nocivo, mas sim o estresse da filosofia e da metodologia de trabalho aplicada. Quando perceberem seu verdadeiro "poder", não mais ficarão fragilizados com a possibilidade de "perder" o emprego ou de saírem do projeto, terão consciência que não são o que representam, não são o projeto ou empresa, mas sim, seres humanos, profissionais e capazes de realizar qualquer coisa em qualquer lugar do planeta quando motivados pela sua essência... Serão realizadores de sonhos. E realizadores de sonhos não ficam fragilizados nunca, pois trazem consigo a energia transformadora do Universo e não será um projeto, logotipo, carro ou endereço que dirá quem você é, mas sim o seu lastro e competência profissional, sua paixão pelo que faz.

Ancore seu poder em você!!!

O negociador humano tem consigo uma rede de contatos que aonde for e o que fizer estará sempre de portas abertas.

Por isso as relações humanas nas negociações e não apenas a conclusão do negócio, para o negociador, deve ser uma de suas premissas.

Quantos produtos e projetos você já vivenciou que depois sumiram, eram líderes de mercado e simplesmente desapareceram?

Porém, os verdadeiros negociadores engajaram-se em outras empreitadas e alguns tornaram-se grandes empreendedores e negociadores humanos!

Quando você se deixa levar apenas pela vaidade do cargo, empresa ou projeto que representa, entrega as rédeas de sua carreira nas mãos de empreendedores e corporações que não olham para dentro de você! Não sabem quais são seus sonhos mais íntimos.

Muitas vezes, achamos que o projeto ou que o logotipo que representamos traduz quem somos, mas isso é apenas uma ilusão... E como toda ilusão, passageira. É você quem dá vida a qualquer empreendimento ou projeto. Você, como negociador humano, com seus conhecimentos, sabedoria e exímia competência de atrair sólidas parcerias.

Reflita sobre isso: qualquer logotipo que você representa seria o que é, sem as parcerias que você, sua equipe e dezenas de seres humanos competentes conseguiram amarrar? Sem os recursos que você conseguiu angariar e negociar?
Sem as horas de sono perdidas tentando achar soluções para a conclusão de um determinado negócio de extrema importância?
Então onde está o poder? No logotipo ou em sua competência?!
Você é seu grande poder! Você é seu maior potencial!
É você quem faz as coisas acontecerem e não o contrário!
Parece óbvio, mas ninguém vê. Ninguém vê por estar dando mais atenção aos conceitos mercadológicos que aos seres humanos. *(Aliás, gostaria de conhecer quem cria esses conceitos, eles me parecem surgir da normose corporativa e institucionalizados pelo consumo exacerbado).*

É necessário fazer uma desassociação de tudo que nos impede de ver nosso verdadeiro poder, o poder do negociador humano!

Só assim alcançaremos nosso melhor desempenho, sem ficarmos fragilizados por outrem.

Já percebeu como os profissionais acima de 50 anos ficam receosos de estarem ultrapassados ou de ousarem buscar novos desafios? E não poderia ser diferente, há uma força-tarefa trabalhando contra esses excelentes executivos(as), quase tudo no mundo atual valoriza a juventude e sua energia voraz, esquecendo-se que somente na maturidade somos contemplados pela sabedoria, *(é claro que há exceções, alguns que nunca percebem, que chegam aos 80 anos achando que o objetivo é tirar e ganhar cada vez mais sem ofertar nada em troca)* esses profissionais, percebe-se pelos olhares melancólicos e às vezes amedrontados, são acuados pelos projetos e empresas que ajudaram a construir.

A questão é que ninguém premeditou isso. A evolução errônea do mercado e dos conceitos que o nortearam resultou nisso, sem se aperceber entregaram sua "força" e seu "poder" em mãos virtuais e alheias.

Quando começaram a acreditar que existiam pelo que faziam, que eram o que representavam, perderam sua identidade como indivíduo e com ela o "poder do negociador humano".

Se você foi, durante toda sua vida profissional, um negociador humano, saiba que sempre o será, não importando em nada se você tem ou não um logotipo e um cartão de visita que insistem em dizer quem você é.

Lembre-se: todo negociador é um empreendedor e nem todo empreendedor é um grande negociador.

Portanto, você está em uma das melhores situações que um profissional pode se encontrar. Tem sabedoria para discernir se um projeto ou idéia merece seu crédito e sua dedicação para ser realizado.

Se você representa um logotipo por muitos anos e sente-se apático, exerça seu poder e empreenda uma outra idéia, seja ela sua ou de outras pessoas, aplique seu conhecimento e rede de contatos para concretização dessa idéia, ouse, vá aonde ninguém achou que você iria nesta idade *(o que é um absurdo, ignorar e subestimar a capacidade de ir de um negociador humano que da proa de seus cinqüenta ou sessenta anos detém quase todos os poderes que alguém pode desejar: experiência, sabedoria, perspicácia, capacidade de avaliação e ousadia cautelosa para minimização de equívocos).*

Saiba que você está com "a faca e o queijo" na mão!

E verá que seu espírito tem vinte anos e que há muito por fazer no mundo dos negócios. Sentirá que sua juventude pode ser percebida a cada parceiro conquistado e a cada negociação concluída. A vantagem de se ter vinte anos aos cinqüenta ou sessenta é que você pode "curtir" plenamente essa juventude e não vê-la passar como a maioria dos seres humanos mais jovens.

Se você está entrando no mercado agora, não esqueça: a vida é cíclica e cada ação sua em uma mesa de negociação resultará em uma reação que somará nos relacionamentos ao longo de sua carreira.

Se hoje você representa uma grande empresa e tem um cargo de chefia, atenha-se ao fato de que tudo pode mudar e que apenas você é responsável pelo profissional que se tornará.

Se você quer ser um grande negociador humano, atenha-se ao seu "poder", aos detalhes, aos seres humanos clientes, fornecedores, parceiros e colaboradores.

Deixe que os símbolos de *status* sejam exatamente isso, símbolos, não deixe tomarem mais espaço em sua carreira do que realmente merecem, pois quando a vida "girar" você pode se deparar com aquele estagiário sendo presidente de uma grande empresa de tecnologia. E qual será a reação resultada desta relação?

Pense nisso... Ação e reação no mundo dos negócios, qualquer grande negociador deve se atentar para esta questão, pois ao considerarmos relações humanas como investimentos, devemos ter a consciência que é para toda a vida. Este é o melhor e mais rentável investimento que qualquer negociador humano pode fazer: GENTE!

Para mente, coração e alma

- Sua percepção é sua maior aliada.
- Suas atitudes, seu cartão de visitas.
- Sua solidariedade e compreensão, seu *status*.
- Sua capacidade de concretizar parcerias, seu sobrenome.
- Sua rede de contatos, seu maior patrimônio.
- Sua habilidade de vislumbrar oportunidades, sua melhor tecnologia.
- Sua atenção e comunicação para com os seres humanos, sua assinatura.
- Sua flexibilidade objetiva, seu maior diferencial.
- Sua paixão pelo projeto, sua força.
- Sua generosidade, inesquecível!

Ao tomarmos consciência de nosso verdadeiro "poder", podemos exercer o ofício de negociadores humanos com mais prazer, sem receios ou reservas, podemos com isso manter ativa nossa capacidade de desapego, que é, sem sombra de dúvidas, um acalanto à alma. Quando temos a certeza de podermos mudar de projeto, empresa, logomarca, sem nos sentirmos um zé-ninguém, crescemos profissional e espiritualmente, já que a única forma de expressarmos toda nossa capacidade criativa é não nos sentir ameaçados ou amedrontados de deixarmos de ser quem somos. E nos sentimos assim, quando pensamos que somos o que representamos, este movimento interno tanto intelectual quanto espiritualmente produz um efeito fantástico nos resultados pessoais e profissionais, bem como, tem o poder de aumentar incrivelmente os resultados obtidos para os projetos e empresas que representamos. Se todo empreendedor soubesse disso *(e os inteligentes e perspicazes sabem)*, valorizaria muito mais este profissional humano que qualquer outra coisa que conste em um currículo.

Por fim, observe suas negociações, principalmente as que não se concluíram. São elas que dirão a você onde está o equívoco. Aprendemos mais com as negociações não concluídas do que com as concluídas, para isso basta analisarmos todo o processo e acharmos onde está a falha. Se você fizer este exercício detalhadamente, vai se surpreender ao ver que na maioria das vezes o que faltou para se concretizar uma excelente parceria foi humanidade na negociação de ambos os lados.

Porém, se você entra desde o início com uma atitude de negociador humano, pode virar o jogo a favor de todos, inclusive de seu cliente, pois todo negociador que abre mão do fator humano, mesmo sendo o cliente, não está vendo com clareza os possíveis resultados futuros. Cabe ao negociador humano perceber e buscar os melhores resultados para ambos os lados, e sua atitude contribuirá muito para isso.

Se você se concentrar nesta avaliação se despindo de vaidades supérfluas, vai encontrar os pontos que devem ser trabalhados a fim de não haver mais negligência com os mesmos. Ao fazermos isso crescemos como profissionais *(pois isso só é possível quando identificamos nossas falhas e as assumimos para nós mesmos)* e como seres humanos.

Após esse processo descobrimos nosso verdadeiro poder, o poder do negociador humano, e quando isto acontece não há nenhum projeto, empreendimento ou negócio que não consigamos realizar. Não há mais empecilhos ou obstáculos e sim oportunidades e desafios que nos permitem crescer, melhorar e, sobretudo, ganhar muito dinheiro!

Por tudo isso o negociador precisa saber o que é, e onde está sua força! Sua força não é o produto e/ou serviço que representa, sua força está na sua capacidade de articulação, na rede de contatos, nos relacionamentos que gerou e na quantidade de indispensabilidade que semeou.

Sua força não é o carro importado, o relógio no pulso, os sapatos lustrosos, o *notebook* fantástico, o *palm* de última geração, o terno bem cortado ou mesmo o cargo embaixo de seu nome; sua força está em seu coração! No seu olhar sincero e translúcido! Sua força está no seu nome que foi forjado a ouro no coração e na memória das pessoas com quem se relacionou em todos os projetos por anos a fio.

Por isso mesmo o negociador não fica apreensivo para agradar o chefe se está tomando uma decisão contrária à dele quando opta pela integridade junto aos seus clientes. Ele sabe que, se pautado pelo humanismo que deve nortear toda negociação prezando os interesses do cliente e os de sua empresa, não precisará agradar o chefe, pois no silêncio da noite ele entenderá sua estratégia, perceberá que você está trabalhando em benefício de todos. E se ele não entender que o negociador humano está vendo de forma mais ampla e pensar no desdobramento da negociação, talvez não mereça que se preocupe com ele.

–VII–

Raciocinar rápido, falar devagar e escutar

> *Escute seus clientes!*
> *Escute os pequenos, pois amanhã eles poderão ser grandes.*
> *Escute os grandes, para ajudá-los a não se transformarem em pequenos.*
> *Escute os médios, para ajudá-los a serem grandes mais rápido.*
> *Escute os gigantes, para ajudar a todos que querem chegar onde eles chegaram, inclusive você!*

O raciocínio rápido produz uma energia durante o processo de negociação que a todos contagia, dá ritmo à rodada, deixa claro que você está de frente a um projeto arrojado, bem formatado e destinado ao sucesso absoluto!

Porém, se nossa fala acompanhar o ritmo do raciocínio, as pessoas não absorverão absolutamente nada, passaremos a impressão de que não nos importamos com a opinião do cliente *(o que realmente se faz verdade, já que não os escutamos)* e certamente colocaremos todo o projeto em risco.

Pois, se não nos dermos conta de que há um hiato enorme entre raciocinar rápido *(para podermos criar conexões com o que nos é dito e possibilidades que vemos internamente em nossa empresa, produtos e parceiros)* e o falar de forma compreensível, comprometeremos toda a relação, já que ninguém gosta de negociar com quem fala demais e rápido, por isso devemos ter consciência de que nosso raciocínio é infinitamente mais rápido que nossa fala e se tentarmos verbalizar tudo o que nos vem à cabeça de uma só vez durante uma negociação, estaremos trabalhando contra nosso projeto e não a favor!

Devemos buscar a reflexão, para atingirmos essa atitude, principalmente quando somos muito jovens ou com pouca experiência na arte da negociação.

Algumas pessoas, você já deve ter encontrado uma dessas, ao longo de sua vida, começam a falar do produto ou serviço que representam e temos a nítida sensação de que estão em uma corrida e vão "mudando a marcha do carro", aumentando a velocidade, e toda vez que você quer fazer uma observação sobre o produto ou serviço, lá vem uma acelerada e a retomada da corrida.

Observei que isto se estabelece por receio e insegurança interna do indivíduo. Ele sente que se deixar o cliente falar, perderá a venda *(sim, porque só um vendenciador tem esta atitude)* e com isso nos passa uma impressão de "enrolador" ou de não profissional. A verdade é que essa técnica só funciona e quando funciona, com pessoas que ao atenderem um desses, acabam comprando o produto para se livrarem do falatório desatinado!

Mais importante que falar em uma negociação, é raciocinar e escutar os sinais "intuitivos e perceptivos".

Como as pessoas se ocupam em falar demasiadamente, acabam por não conseguir aperceber os "sinais" dos outros participantes da reunião.

Resultado: no final os clientes acabam por adiar a decisão, seja ela qual for, para poderem "digerir" toda aquela informação!

E tão importante quanto raciocinar e intuir, é saber o que e como falar!

Não conheço alguém que ao falar demasiadamente, fale com coerência e clareza, alguém que consiga passar toda a informação e segurança que é necessária para estabelecer uma parceria, negociar um produto ou patrocinar um projeto.

Saber colocar dentro do contexto as palavras que irão ao encontro das necessidades e anseios de nossos clientes é uma das melhores qualidades de um negociador humano.

Não se esqueça de que uma única palavra mal colocada pode colocar meses de trabalho a perder e inviabilizar qualquer projeto.

O poder do negociador humano se concentra, e muito, nas palavras, desde que elas sejam escolhidas por um raciocínio rápido e filtradas com o bom senso.

Lembre-se: comunicação em uma mesa de negociação está na qualidade das palavras e não na quantidade. Se ativermo-nos a este fato, aumentaremos, e muito, a possibilidade de concluirmos um negócio.

Claro que para que isso ocorra de forma agradável e tranqüila devemos aprender a escutar...

Ninguém consegue raciocinar rápido, falar e ainda escutar as necessidades e anseios dos clientes simultaneamente.

Isto porque se você estiver se concentrando em falar pelos cotovelos não ouvirá nada que seu cliente disse, quem dirá "escutar"!!!

Atenha-se a isso, negociadores humanos sabem o que falam, com quem falam e principalmente quando falam.

Se você conseguir conter sua vontade de falar, escutará verdadeiramente os argumentos de seus clientes, e a partir daí, encontrará uma solução extraordinária para todos.

Quando dominamos nossa vontade exacerbada de falar, não só escutamos nossos clientes como também conseguimos raciocinar em uma velocidade vertiginosa. Claro que medir as palavras não significa falar monossilabicamente *(como muitos profissionais fazem)* ou entrar em estado hipnótico; algumas pessoas se perdem em seus raciocínios e se "desligam" do objetivo da reunião, o que causa uma péssima impressão ao cliente e denota claramente uma falta de interesse com os resultados da parceria.

O negociador faz do raciocínio rápido uma usina de força para encontrar soluções criativas e eficazes para qualquer obstáculo que porventura surja durante a negociação. Busca soluções criativas e trabalha simultaneamente com imaginação, percepção, intuição, emoção e, por fim, com o raciocínio lógico.

A diminuição da fala e o aumento do raciocínio aliado com o poder do escutar resultam na pura arte da negociação humana.

Não é à toa que grandes negociadores humanos vêem oportunidades onde a maioria só vê obstáculos e problemas.

Se tentarmos produzir uma obra de arte, seja uma sinfonia, uma peça de teatro, uma tela ou mesmo um livro de poemas, ancorados pura e simplesmente em nossa capacidade matemática de raciocínio, tocaremos instrumentos musicais e leremos partituras, criaremos argumentos e esquetes, pintaremos uma tela e rascunharemos palavras bonitas que poderão até ser encadernadas, mas daí a nos tornarmos Beethoven, William Shakespeare, Vincent Van Gogh e Cecília Meireles, é outra história.

Para negociarmos com arte, precisamos acessar o poder da emoção e da criatividade, por isso muitas pessoas levam uma vida dedicada aos estudos, e mesmo assim tornam-se vendenciadores, e em sua maioria, medíocres, pois ancoram *(e não são culpados, pois quase todos os cursos incentivam isso)* toda a sua forma de negociar em matemática *(nada mais absurdo que ver uma negociação como um tabuleiro de xadrez).* Essa idéia calculista pode gerar algum resultado, mas jamais se transformará em arte.

A arte da negociação é regida por todas as nossas inteligências somadas e não apenas o que nos é cognoscível.

Podemos perceber isso em alguns líderes mundiais da atualidade, uns buscam a arte da negociação, outros usam a estratégia e vêem o mundo de forma estreita sob a ótica da matemática militar, o resultado nós todos vivemos!

A fala desassociada da euforia, ansiedade e da pressa criará verdadeiras soluções artísticas durante o processo de negociação. Isso porque o que nos move nesse momento é a busca verdadeira por parcerias concretas que contemplem os dois lados e nos permitam solucionar qualquer inconveniente pelo caminho.

Importante ressaltar que é durante o processo, que você precisará lançar mão de sua capacidade de raciocínio rápido para encontrar soluções criativas, é com todo o seu "ser" que você buscará inovações para uma parceria antiga.

É sua criatividade que achará oportunidades onde outros verão apenas problemas. Isso porque a criação é arte, ela usa emoção como matéria-prima e isto acontece sem que você se dê conta, não tente racionalizar em cima da criatividade, atenha-se em buscar "saídas", não óbvias, pois as óbvias qualquer um as vê.

Escute para poder falar e não fale para poder escutar!

Muitas vezes a melhor solução virá exatamente da boca de seus clientes, e se você não deixá-los expor suas idéias, como eles poderão auxiliá-lo?

É importante que falem e sugiram, mas não que trabalhem por você. Algumas pessoas confundem isso e acabam se acomodando, e sem criatividade, optam pelo que eles chamam de democratização da relação *(a tradução literal é: fiquemos todos calados e deixemos que o cliente sugira o que ele quer e como quer).* Ao fazer isso entregamos todo o nosso negócio em mãos alheias, pois como seres pensantes, nossos clientes chegarão sozinhos à conclusão de que não pensamos e não nos importamos com eles.

Qualquer outro profissional que fizer um movimento diferente em direção a eles certamente os conquistará. Não por serem melhores ou mais competitivos, mas por oferecerem soluções ainda não pensadas por eles.

Nessa questão vale o bom senso, *o importar-se* verdadeiramente com os resultados dos parceiros e principalmente potencializar ao máximo nossa capacidade de criação, articulação e improvisação, sem perder o rumo de onde se quer chegar.

Algumas das coisas mais importantes para o ser humano à sua frente em uma mesa de negociação podem passar despercebidas, atenha-se aos detalhes! Se estivermos focando apenas os grandes tópicos do projeto ou da própria negociação, teremos uma visão parcial e, portanto, distante da realidade de nossos clientes.

Quando contemplarmos todas as necessidades da empresa-cliente, começaremos a "garimpar" o que realmente fará diferença na conclusão da proposta ou projeto, que são as pequenas coisas importantes para os profissionais seres humanos que representam a logomarca em questão.

Curiosamente os maiores empecilhos que encontramos, com os quais diversos profissionais de negociação lidam diariamente na conclusão de um projeto, são as "pequenas grandes coisas" importantes para a pessoa mais importante do mundo nesse momento, nosso cliente humano.

Isto porque todos nós queremos dar a nossa "cara", nosso jeito todo especial ao trabalho que fazemos e só é possível quando colocamos nossa "assinatura" no projeto e esta assinatura, meu amigo, são as "pequenas grandes coisas" de cada um de nós.

É fácil identificar isso em nós mesmos. Se você teve uma educação militar e gostou do que aprendeu, certamente terá inclinação para uma organização sem falhas; se você estudou e é aficionado por tecnologia de informação, certamente buscará soluções *high-tech*, nem que seja para a recepcionista; se tem apreço por *design*, buscará o belo, as formas perfeitas que podem se fazer presentes no projeto, até na apresentação de um *Power-Point*.

Há ainda os amantes da gastronomia, que se houver possibilidade sugerirão um almoço ou jantar com um cardápio cuidadosamente escolhido; um amante da moda tentará imprimir sua assinatura através de uniformes ou figurinos; os apreciadores das artes buscarão imprimir cores à execução do projeto em algum momento e assim vai...

O que quero dizer com isso é que todos nós, absolutamente todos, gostamos de imprimir nossa assinatura em tudo o que fazemos, e quando não observamos isso corremos sérios riscos de inviabilizar o projeto ou a extensão da parceria.

Como lidamos com pessoas inteligentes, cultas, instruídas e competentes, buscarão em primeira instância certificar-se de que o negócio em questão traz benefícios e resultados concretos para suas empresas, depois farão análises de custos etc...

Após tudo isso feito e concluído, o desenrolar lógico seria a conclusão da parceria, certo? Porém, lidamos com seres humanos, criadores e transformadores por natureza que buscarão assinar o projeto com sua marca e esta marca cabe ao negociador humano perceber e assimilar ao projeto.

Nenhum profissional lhe dirá, não diretamente, ele deixará nas entrelinhas, nas nuanças das conversas e reuniões qual é sua assinatura, e a única forma de perceber isso é falando devagar, raciocinando rápido e utilizando o tempo que "sobra" para escutar...

O negociador humano capta esse sinal no "ar" e sugere de forma a não expor indelicadamente o cliente humano à sua frente, que sua idéia poderá se somar ao projeto, seja na forma de um jantar inusitado, para os gastronômicos; na forma de tecnologia, para os informatizados ou na assinatura de um grande estilista, *designer*, artista etc. e tantas outras possibilidades para os demais.

O importante é usar esse tempo em que estamos na mesa de negociação para atender aos anseios dos profissionais que se relacionam conosco também.

Como negociadores-humanos, esse é um dos principais objetivos que devemos buscar atingir.

O mundo corporativo está se voltando cada vez mais para o indivíduo. Neste século o principal benefício que excelentes profissionais buscarão em uma corporação será sua qualidade de vida, e é claro que não podemos desassociar qualidade de vida com a possibilidade de assinatura pessoal em cada projeto que realizamos.

Logo as empresas colocarão em seus pacotes de incentivos, o direito de assinatura de projetos com o nome pessoal de cada um.

Ninguém, nem mesmo nós, queremos trabalhar, doar horas-vida e no final ver um projeto assinado apenas pela logomarca das empresas. Todos nós queremos deixar nossa contribuição no planeta e nossa "marca" pessoal por onde passamos e somamos, não importando o quanto dinheiro se ganhe.

Para exemplificar o que estou dizendo, em uma produção cinematográfica americana uma das funções em que mais se ganha dinheiro é a de produtor. O produtor financia o filme, e portanto, participa na maioria das vezes de seus lucros perpetuamente.

Imagine... Paga-se a um único colaborador o salário de vinte milhões de dólares para protagonizar um filme. O quanto o "chefe" deste cara não espera lucrar?

Uma mega produção pode gerar centenas de milhões de dólares de receita e o produtor de igual forma ganhará centenas de milhões. Isto deveria bastar como retorno do investimento, você não acha? É meu amigo, mas não basta!

Houve uma reivindicação por parte deles junto à Academia, de que esta era a única função importante em uma produção que não é indicada ao Oscar. Dá para imaginar um sujeito inteligente, rico, todo-poderoso na indústria cinematográfica americana reivindicando a possibilidade de receber uma estatueta de metal?

Pois bem, buscam com isso suas assinaturas públicas no que fazem!

Dá para percebermos com isso, que não é uma questão de dinheiro, mas de envolvimento emocional.

Portanto, assim que as empresas se atinarem para isso, começarão a incluir em seus benefícios a possibilidade de assinatura de projetos.

Nada mais justo, já que os profissionais envolvidos em qualquer que seja o projeto, buscam o melhor para a companhia e com isso ajudam no seu crescimento.

Podem até lhe pagar muito dinheiro, mas quanto custa suas horas-vida?

Algumas das empresas mais importantes do planeta possuem em seus contratos de trabalho cláusulas que deixam claro que tudo o que o funcionário fizer, criar, inventar pertencerá à empresa, até aí tudo bem, afinal eles pagam muitas vezes pequenas fortunas aos seus executivos. Porém, poderiam permitir que seus colaboradores assinassem os projetos com seus nomes; seria uma forma humana de reconhecer as horas-vida dedicadas, uma forma que permitiria que esses homens e mulheres deixassem suas marcas por onde passassem. Ainda não o fazem em sua grande maioria, mas tenho certeza que o farão. Farão porque o futuro nos leva a isso; um pintor assina seu quadro; um escritor, seu livro; um compositor, sua música; e por que não, o gerente de produto que busca melhores resultados comerciais e institucionais para sua empresa? Por que ele não pode simplesmente assinar o projeto que resultou em um salto comercial significativo?

Por que um diretor de *marketing* não pode assinar a estratégia que ele próprio desenvolveu e que gerou milhões em resultados para a empresa?

A resposta é muito simples: não existe essa tradição.

Se nós, como negociadores humanos, pudermos propiciar esta assinatura aos nossos clientes humanos, estaremos gerando uma relação verdadeira com nosso semelhante e uma sólida parceria de negócio.

Claro que para isso precisaremos "ler" nas entrelinhas qual a forma de assinatura de cada cliente e buscar o movimento para que ele também possa se realizar através do projeto.

Essa "assinaturazinha" fará de qualquer negociador humano um ser imortal na mente e no coração de cada cliente. E se multiplicará tantas e tantas vezes em novos negócios e parcerias, que será quase inacreditável.

Essa assinatura diferenciará o negociador humano e a empresa ou projeto que ele representa, de todos os demais. Haverá um forte laço comercial *(pois pensamos em resultados para os clientes e deixamos isso claro com nossa postura)* e emocional *(afinal possibilitamos a justa assinatura dos profissionais envolvidos).*

Todo negociador humano sabe a diferença entre falar e se comunicar. Quando falamos, na maioria das vezes, não nos comunicamos, pois quando estamos nos comunicando não precisamos falar muito. Esta é uma regra fácil de perceber. Devemos ficar atentos, pois em uma negociação quando falamos, falamos e falamos para nos fazer entender, de duas uma: ou não acreditamos no que estamos dizendo *(portanto, não estamos negociando e sim tentando vender)* ou não estamos entendendo nosso cliente, pois não conseguimos falar a língua dele.

Neste último caso o melhor a fazer é escutar, não ouvir. Pois ouvimos tudo em todo momento, mas escutar... Escutar nos permite entrar na mente e no coração de nossos clientes e enxergar através de seus olhos, o que facilita muito a negociação.

Presenciei vários "milagres" da arte de escutar, este é apenas um deles:

> *"Em março de 2001 eu ocupava o cargo de diretor comercial da Adventure Fair (maior feira de esportes e aventura da América Latina e o terceiro maior evento do planeta), naquela época a Suzuki do Brasil era um de nossos parceiros mais fortes, e após uma reestruturação interna, um novo diretor de marketing (o qual ocultarei o nome por respeito à sua privacidade) assumiu o cargo que fora de uma das mulheres mais competentes com quem já tive oportunidade de negociar. Após as apresentações de praxe fomos para a sala de reunião onde eu iria apresentar o projeto e nossa proposta para a terceira edição do evento. Mal comecei a apresentação, ele me interrompeu: – Acho que a forma que vocês deveriam agir é tal, como organizadores vocês poderiam criar maiores interações com o público, deveriam buscar mais conforto, lanchonetes mais espaçosas, um pavilhão climatizado... criem anúncios temáticos, façam parcerias com Ongs etc. Quase todas as sugestões dele já estavam contempladas no projeto oficial do evento, porém, mantive-me silencioso, escutando-o. Identifiquei que ele amava organizar e idealizar eventos e que essa seria sua assinatura no projeto.*

Ele continuou: – Vocês precisam pensar no desdobramento do mercado, na aparência do staff, na qualidade do público etc... Escutei-o atenciosamente por cerca de quarenta a cinqüenta minutos. No final da "reunião" disse eu então, por achar verdadeiramente que as sugestões dele eram muito pertinentes para o projeto: – Vamos levar em consideração suas observações e tentar adequá-las à feira. Em seguida indaguei curioso pela resposta, já que não havia apresentado um quarto da proposta: – E quanto ao projeto de participação da Suzuki no evento?

Ele simplesmente respondeu: – Está fechado!

O projeto havia aumentando cerca de cinqüenta por cento no custo em função de novas ações propostas. Acertamos a forma de pagamento, tomamos um café, ele apertou minha mão e disse que havia gostado de tudo e, principalmente, de minha forma de "negociar".

Fechei um dos melhores negócios daquele ano graças à capacidade de escutar...

Claro que o projeto apresentado contemplava e garantia de todas as formas a melhor e a maior participação para a empresa que ele representava, o custo-benefício era válido e o evento fazia parte da estratégia da empresa desde sua primeira edição, porém a aprovação foi em função da capacidade de escutar.

Lembre-se: muitas vezes o seu cliente humano só precisa ser escutado, e falar pode atrapalhar toda a negociação, ou no mínimo, criar uma enorme distância entre proposta e fechamento."

Todo negociador humano deve buscar falar a língua universal, a língua que não deixa dúvidas e sim transmite ao interlocutor segurança.

Quando falamos com nossos filhos ou com qualquer criança, praticamos a retroinformação, não falamos com crianças como falamos com um diretor de uma grande empresa, pois a criança não nos entenderia. Falamos com elas de forma delicada, usando palavras no diminutivo e até mesmo com palavras inventadas pelas próprias crianças *(cobertor vira lulu, o bicho de pelúcia vira cheirinho ou fedorento, e como no caso de uma amiga, chupeta vira juju, chuchu e por aí vai...).* A mesma coisa acontece com uma pessoa na melhor idade residente em uma cidadezinha lá do interior do país. Procuramos falar com essas pessoas de maneira que elas entendam, para tanto escutamos, percebemos como dizer o que queremos, de maneira a sermos compreendidos.

Devemos lançar mão desta função maravilhosa e inata, pois sabemos fazer isso desde criança e "desaprendemos" na faculdade e no mundo corporativo.

Essa linguagem é universal, é como se fosse uma língua única que funciona em qualquer lugar, pois não é um idioma, mas sim um estado de compreensão em que "entramos", e quando isso se sucede conseguimos entender e ser entendidos de forma inequívoca.

Esse mecanismo é infalível, pois por meio dele conseguimos nos fazer compreender e por conseqüência passar segurança para nosso cliente. Esse estado é mais importante que qualquer fórmula enlatada puramente cognoscível. Devemos ter claro em nossas mentes que o êxito de um negociador está totalmente ligado a essa ferramenta que todos temos dentro de nós.

Quantos *briefs* (resumos) de campanhas publicitárias ou promocionais, ou mesmo de *stands* para participar de uma feira ou evento são passados com clareza pelos clientes?! E quando apresentamos a idéia pronta ouvimos: – *NÃO ERA ISSO QUE NÓS QUERÍAMOS OU PENSÁVAMOS!!! NÃO FOMOS CLAROS EM NOSSA REUNIÃO???*

Normalmente essas empresas refazem todo o projeto até chegar ao que o cliente quer. Porém, é uma grande perda de energia e de dinheiro, sem falar no desânimo que se abate em toda a equipe. Pois não entendem o porquê da não aprovação! Internamente alguns dizem que o cliente não sabe o que quer ou porque mudou de idéia e etc...

O cliente foi claro sim, todo negociador humano perceberia o quanto ele foi claro, mas a verdade é que ninguém ali sabia falar "humanol", pois se soubesse, teria entendido e devolveria a informação em uma língua que o cliente compreendesse, o que evitaria perda de trabalho, horas-vida e dinheiro, muito dinheiro.

Portanto, pratique a retroinformação. Seu cliente lhe dará todas as diretrizes da língua que fala, basta você escutá-lo e aprender!

Lembremos sempre: devemos devolver a informação na língua de nosso cliente, senão, como podemos querer que ele nos entenda?

A retroinformação nos permite improvisar de forma segura, eliminando margem de equívocos e atendendo às expectativas de nossos clientes e parceiros. Para isso devemos buscar uma postura flexível mantendo a mente aberta e termos a disposição de fazer concessões, seja no projeto ou na metodologia que usaremos para concretizá-lo.

De nada adianta um enrijecimento inquebrantável, a não ser para adiarmos a realização de nossas idéias, sonhos e projetos...

É necessário nos atinar para esses mesmos anseios que assolam nossos clientes, e para isso devemos utilizar a retroinformação, pois a partir dela conseguiremos somar a experiência de nossos clientes *(muitas vezes maior que a nossa própria em determinadas áreas)* ao projeto.

Há pessoas brilhantes, tanto na criação como na elaboração de novos conceitos, projetos e idéias. Porém de uma inflexibilidade cortante que só reduz a possibilidade de realização dos mesmos. Alguns se defendem dizendo que isso é ter personalidade, que tal questão não pode ser mudada por ser "esta" a "alma" do projeto, que perderá identidade e não será mais a "sua" idéia etc. Nada disso aponta para a verdade interior, que é a incapacidade de falar humanol, de se flexibilizar e realizar seus sonhos... Agem de forma como se cliente ou parceiro fossem seus inimigos e começam a ver "coisas" onde ninguém mais vê. O pior de tudo é que os maiores prejudicados são os próprios.

Só possuímos receios em fazer concessões quando não vemos o todo, quando não entendemos as sugestões e observações de nossos parceiros, pois quando vemos, em vez de receios, ganhamos mais confiança ainda, agregamos o valor inestimável de conhecimento alheio a uma idéia que captamos. E o melhor é que esse conhecimento que se soma à idéia original provém de quem está disposto a nos patrocinar ou investir!

Quem de nós faria observações destrutivas em algo que investiríamos?

Só nos sentimos ameaçados, se não conseguimos compreender nossos parceiros.

É um movimento instintivo do bicho homem, quando desconhece algo, antes mesmo de raciocinar, repudia por medo!

Saltamos do sentimento de medo *(pois achamos um meio de, senão eliminá-lo, ao menos controlá-lo)* para a racionalidade velada que exalta, e muito, o ego. E quando isto acontece simplesmente tornamo-nos inflexíveis e beiramos a arrogância.

Qual o maior prejudicado? Nós mesmos!

A única coisa que pode nos permitir baixar a "guarda" é a compreensão, e isto só vem com a retroinformação.

No início dos anos 1990, fundei em São Paulo com uma sócia, uma empresa que tinha por objetivo organizar eventos, criar estratégias de promoções e ações de *marketing* para grandes companhias. Em pouco tempo ganhamos fama junto às companhias americanas de tecnologia, que tinham interesse em entrar no mercado brasileiro, justamente pela nossa abordagem extraordinariamente humana e pela capacidade de comunicarmo-nos com seus executivos.

Isso mostra o quanto a retroinformação pode facilitar o entendimento das pessoas, não importando em quase nada que estudaram as mesmas matérias na faculdade e se formaram no mesmo curso. O ato de compreender com a alma está ligado à nossa cultura regional, levaremos conosco por toda a vida. Se nossa infância foi em uma fazenda e sentarmos à mesa de negociação com alguém que vez por outra traz consigo esse jeito amigável das pessoas do campo, sentiremos um enorme prazer na presença desse negociador e conseguiremos estabelecer uma comunicação perfeita.

Veja bem, estamos falando de compreensão emocional. Claro que um médico é um médico em qualquer lugar, e se for simplesmente trocar informações de conhecimento técnico, utilizará apenas o raciocínio lógico, mas estamos falando em negociar... E para negociar, esta compreensão, esta proximidade, esta troca, deve-se dar em um nível emocional. Tudo fica mais fácil se conseguirmos nos comunicar sem frases prontas, sem discursos ensaiados, sem chavões desgastados que só servem para demonstrar o quanto não temos empatia, e denotam claramente um descaso com o ser humano cliente à nossa frente.

Como negociadores humanos não esperam pela "sorte" de encontrar um cliente-humano que se comunique como ele; como o mercado atropela quem ficar parado *(pois quem fica parado, está andando para trás, afinal, tudo hoje em dia caminha em uma velocidade vertiginosa)* precisamos nos atentar para esta capacidade de comunicação.

O negociador humano que pratica a retroinformação capta rapidamente os tons de seu interlocutor, estabelecendo com isso a comunicação, assim como o rumo da negociação em um linguajar que evitará conflitos e equívocos, conseguindo desta forma, algo imprescindível em qualquer negociação: a visão que seus clientes têm do negócio em questão, confiabilidade e segurança dos mesmos, que depositarão de bom grado em todo negociador que conseguir estabelecer uma relação baseada na retroinformação.

É importante ressaltar que se você é o negociador que propõe ou o que representa o cliente potencial, ver as coisas através da retroinformação permite um aumento significativo de visão e possibilidades, seja da negociação ou da relação em andamento.

Não podemos, por representarmos vez por outra a parte que investirá recursos, nos ausentarmos desta forma de comunicação. Ela pode lhe dizer muito a respeito do projeto proposto, bem como do negociador e empresa que o propõe.

–VIII–

Controlando a ansiedade

Negociar é ser flexível, sem perder a objetividade.

Um dos maiores defeitos na maioria dos seres humanos é a ansiedade. Quando ela atinge um negociador, pode ser desastroso. Certamente é um dos maiores empecilhos para um profissional que deseja se tornar um grande negociador humano.

A ansiedade produz um sentimento de euforia, o que ofusca a visão, deturpa o raciocínio e fecha o caminho para a sabedoria que provém da alma.

Quando estamos ansiosos em um processo de negociação não percebemos as oportunidades com clareza, temos dificuldades para achar soluções óbvias e torna-se quase impossível improvisar com coerência e objetividade.

Se começarmos uma negociação com ansiedade, certamente no desenrolar dos acontecimentos vamos nos sentir inseguros e propensos a ceder a certas condições que podem comprometer todo o projeto.

A insegurança, por sua vez, impede de vermos as coisas de vários ângulos e em achar soluções excelentes, o que desencadeia um sentimento de competição. É quando nos percebemos querendo tirar o máximo *(que nem sempre é o melhor)* de uma negociação, nos tornamos inflexíveis e nosso único objetivo passa a ser conseguir a maior quantidade de dinheiro possível naquela situação. O curioso é que, mesmo quando o negócio se concretiza *(raramente)* e a ansiedade passa, "descobrimos" que poderíamos ter tido uma postura diferente e encontrado soluções, que entre outras coisas, nos permitiriam conseguir mais recursos diretos e indiretos pela mesma proposta.

É quando nos sentimos apenas vendedores *(e nem sempre um dos bons)*, fica aquela sensação de que faltou alguma coisa.

Em um próximo projeto ou concorrência, se somos substituídos como fornecedores e parceiros nos sentimos indignados! E nos perguntamos: – Como é possível, se desempenhamos tão bem nosso papel, entregando todo o projeto, produto ou serviço conforme o prometido?

Esquecemos do mais importante, o que mais agrega, o fator fundamental da diferença em um mundo de tecnologias: relacionamento humano.

A ansiedade é inimiga do relacionamento humano, ela sempre nos coloca como vítimas ou como algozes.

Como um negociador poderá criar um ambiente para desenvolvimento de relações com as pessoas, se está concentrado em tirar mais e mais ou com receio de perder?

O pior de tudo é que a ansiedade atua como um vírus, migrando gradativamente para as outras pessoas, o que faz com que elas assumam a mesma postura para conosco ou simplesmente nos ignorem.

Quantos telefonemas são dados sem retorno?

Quantos e-mails não respondidos?

Ou quando muito, nos respondem, dizendo: – Obrigado por pensar em nós, mas não estamos interessados.

Quase todos os profissionais da área comercial se expressam com indignação perante a postura de seus clientes.

Cobram uma postura no mínimo educada de retorno, mas quando a têm reclamam: – Trabalhei tanto neste projeto e a resposta foi negativa!

Não percebem que o que faltou foi relacionamento humano, e faltou por ansiedade que impossibilitou a criação de um "ambiente".

Não conheço ninguém que goste de entrar em uma loja ou concessionária de veículos e ser abordado com ansiedade pelo vendedor *(nenhuma loja ou concessionária que conheço dispõe de negociadores humanos).* Na maioria das vezes nos abordam com um "bom dia" falso, perguntam se podem ajudar e a partir daí é uma sucessão de movimentos ansiosos ou de desinteresse, ou seja, você compra o que ele tem no estoque na cor e modelo que ele dispõe ou você não interessa mais a ele; pura ansiedade!

Se parassem para pensar na compra de um automóvel, descobririam que é um momento especial para cada um de nós, é um bem que muitos trabalham anos para tê-lo e sonharam com este momento várias vezes!

Como podemos transformar este sonho apenas em um momento de compra, quando muitas vezes o estabelecimento nem dispõe do modelo e cor que queremos?

Na maioria das vezes não importa se batem ou não suas metas, perdem mais negócios do que fecham!

Negócios praticamente fechados são abortados por causa da ansiedade de algumas pessoas durante a negociação.

Isso acontece por criarmos uma grande expectativa em relação ao recurso que poderá vir deste ou daquele negócio.

Um dos efeitos negativos da ansiedade é não nos permitir escutar... Isso gera um grande desconforto em todos, passa uma impressão de arrogância, uma pressa desnecessária e o pior, a sensação de só se estar interessado no dinheiro do cliente.

Se começarmos a perceber isso em nós, podemos mudar e buscar a negociação humana, caso contrário, sinto em lhe dizer, mas é impossível.

Não seremos tratados como parceiros, se o que nos interessa é apenas o dinheiro do cliente. Alguns chegam ao absurdo de dizer que seu objetivo é cumprir a meta, o resto é problema do cliente. Você acha mesmo que o seu único objetivo é cumprir a meta?

Deus do céu, enquanto pensarmos assim *(profissionais e empresas)* nunca, mas nunca mesmo, teremos o melhor resultado nos negócios.

A ansiedade é tão nociva em uma mesa de negociação, que sugiro, ao se sentir desta forma, cancelar a reunião, não importa o que lhe digam.

Melhor não negociar do que negociar de forma equivocada. Precisamos ver os objetivos que não estão expostos em nossa pauta.

Muitas pessoas simulam interesse pelo cliente e até dispõem de um discurso ensaiado, discurso esse que nem elas acreditam, mas continuam dizendo, e o pior é que acham que estão convencendo alguém com essa ladainha! Negociadores humanos não mentem a respeito do interesse que possuem sobre os resultados de seus parceiros.

Profissionais que agem desta forma acreditam que ninguém percebe o movimento, e o pior de tudo, e mais complicado, é que todos percebem o que ele está fazendo, menos ele próprio.

Pior que um cliente ou parceiro mal atendido, é um ser humano indignado!!!

A indignação não é esquecida, e você não só perdeu o negócio como o ser humano profissional que poderia ser seu cliente por toda uma vida.

Nos processos de negociação, mesmo quando o cliente não percebe o que está errado na proposta, seu inconsciente entra em alerta como se estivesse em perigo ou algo do gênero. Negócios fechados desandam sem que ninguém saiba o motivo.

Todos nós quando vamos comprar um imóvel ou algum bem durável "sentimos" quando o corretor está realmente empenhado em nos mostrar um imóvel que nos agrade, que seja em um lugar onde nossos filhos e entes queridos possam ser acolhidos com tranqüilidade e segurança ou quando simplesmente ele nos mostra o que lhe é mais conveniente. Por melhor que seja a proposta comercial, se ficarmos com a "pulga atrás da orelha" não fecharemos negócio, se não nos sentirmos seguros com o profissional à nossa frente, não importa o quanto ele elogie o produto em questão, simplesmente não fecharemos.

Se nos sentimos assim, por que nossos clientes se sentiriam diferentes?

Tudo é uma questão de ansiedade exacerbada, perdemos o bom senso. E mesmo profissionais experientes na arte da negociação quando acometidos por uma crise de ansiedade, acabam tendo problemas no processo.

Saber esperar é tão importante quanto saber negociar com objetividade.

É como um ritual, devemos aprender percebendo isso. Tenha prazos claros em sua cabeça, prazos diferentes da proposta, isso ajuda bastante. Isto é, estabeleça como de praxe um prazo final para a conclusão do processo de negociação e saiba que tudo o que envolve decisões importantes leva mais tempo que o provável, mas se você já estiver internamente preparado para isso, até a forma de cobrar uma definição da proposta se torna mais tranqüila, sem estresse desnecessário. Os clientes, sobretudo patrocinadores e investidores, sentem-se mais seguros, sem pressão, apesar dela existir no papel, quando ele estourar a data programada para a conclusão final, você ainda terá umas duas semanas a mais para lhe dar e quando você solicitar a conclusão do negócio ele saberá que não é um sintoma de ansiedade nem uma pressão sobre ele, pois o prazo já foi estendido por duas semanas, e a não conclusão pode prejudicar o projeto em questão.

Internamente você estendeu o prazo para conclusão em trinta dias, fechou com quinze dias de antecedência, o que evitou que o veneno da ansiedade tomasse conta de você e de toda a negociação, e para o cliente, ele teve mais quinze dias fora o prazo final!

Como somos latinos (sobretudo os brasileiros), temos por tradição deixarmos quase tudo para a última hora, só nos sentimos bem se esgotamos o nosso prazo máximo!

Isso se reflete nas negociações, não importa a dimensão do negócio, sempre aparece alguém na equipe que deixa algo para o último momento; se isso faz todos felizes, acatamos como certo que nossos clientes farão a mesma coisa *(e realmente o fazem, até os estrangeiros que se "abrasileiram" começam a fazer uso desses prazos máximos).* Cabe ao negociador entender e tentar se abster disso, sem parecer desinteressado no negócio.

Outra fórmula que funciona, e muito bem, para controlar a ansiedade, é ir tratando de tudo o que se refere à proposta em questão, encará-la como fechada e se envolver com coisas operacionais referentes a ela, para mostrar que estamos encarando a parceria como concluída e compreendendo que o que falta para a assinatura do contrato são apenas trâmites burocráticos. Envie semanalmente as provas das peças da campanha de publicidade ou detalhes referentes ao projeto para pedir a "aprovação" do *marketing* do cliente. Desta forma os profissionais percebem seu empenho em buscar o melhor resultado para o projeto e para a marca que ele representa.

Ao notar isso, cria-se um elo entre cliente e proponente. O simples fato de envolver a todos no processo operacional acaba por agilizar a conclusão da negociação e evita que tenhamos ataques de ansiedade.

Outra forma de agilizar a decisão é convidando os profissionais envolvidos para almoçar, socializando as relações humanas, procurando ver onde você pode ajudar, mesmo que seja em assuntos que não tem a ver diretamente com o seu projeto. Isso demonstra um zelo com o ser humano e parceiro e é uma ótima oportunidade para praticar o *marketing* de indispensabilidade!

Toda vez que se perceber ansioso, lembre-se que você não está pensando no seu cliente, pois se estivesse, buscaria formas de aumentar seus resultados e apresentaria na próxima reunião ou mandaria por e-mail mais uma sugestão que lhe ocorreu enquanto pensava na proposta em questão e descobriu uma forma de aumentar seu retorno, seja ele institucional ou comercial.

- Quase todo o estresse gerado em um processo de negociação provém da ansiedade.
- Tudo o que a ansiedade faz é trabalhar contra o processo.
- Na maioria das vezes, negociadores ansiosos não percebem que o são, por isso mesmo se estressam facilmente e perdem grandes oportunidades.
- Aprenda a perceber a ansiedade. A partir do momento em que você tomar consciência que ela está presente, você começa a controlá-la.
- Todos nós, alguns mais e outros menos, somos ansiosos, e a única forma de vencê-la é nos aperceber disso.
- Se estivermos ansiosos não nos concentraremos!
- Quase sempre a ansiedade está ligada diretamente à incerteza de ter feito ou não um bom trabalho, pense nisso...
- A ansiedade tira quase que por completo o sabor da conquista.

Sim, porque tão logo consigamos concluir uma negociação e saciamos nossa sede de resultados rápidos, passa-se a euforia inicial e outra negociação é necessária para entrarmos novamente neste processo. Não conseguimos saborear a conquista de uma negociação bem feita de objetivos alcançados e de uma parceria estabelecida. Na maioria das vezes saímos com a sensação de negociação concluída, porém com um enorme vazio interno.

Todas as vezes que começamos a nos deixar levar pela ansiedade, perdemos a capacidade de raciocínio e de articulação. Por isso a ansiedade é um dos maiores inimigos dos negociadores. Estando atento a este fato, você poderá manter a negociação oxigenada até a sua conclusão, desenvolvendo um ótimo relacionamento com seus clientes e tendo o prazer de saborear a parceria concretizada.

Estes pontos acima observados podem fazer, e farão muita diferença em uma mesa de negociação.

– IX –

Percepção e intuição, os maiores aliados da negociação

> *Vender, podemos vender qualquer coisa, de qualquer jeito.*
>
> *Mas negociar, só podemos quando amamos o produto, serviço ou projeto.*
>
> *O amor é uma fonte inesgotável de soluções criativas a serviço de nós e de nossos clientes.*

Um recém-nascido não percebe que é um indivíduo, levando algum tempo para que isso possa acontecer. Quando acontece essa percepção, abre-se um mundo de possibilidades à sua frente. Por instinto e antes mesmo de ele perceber sua individualidade, busca o seio da mãe para se alimentar.

Duas atitudes básicas com as quais nascemos: percepção e instinto.

Duas atitudes que podem e farão toda a diferença em um processo de negociação.

A percepção em uma mesa de negociação faz tanta diferença, que sem ela fica impossível de se realizar um negócio.

Se aceitarmos que sem percepção não negociaríamos, fica fácil concluir que o seu aumento, nos torna cada vez melhores negociadores, certo?

Então, por que hoje em dia os negociadores em sua maioria atêm-se apenas em usar o cérebro de forma exata e ancorados no que é cognoscível?

O "mercado" valoriza o exato, porque o exato pode ser mensurável, deixando, por mais significativo que seja, o potencial intuitivo de lado.

Ninguém nunca conseguiu medir o Universo, no entanto aceitamos *(com raríssimas exceções)* a possibilidade de ele ser infinito, porém mesmo considerando o fato que ele seja infinito, o homem se lançou em busca do desconhecido por perceber que há inúmeras possibilidades... E aceitar o fato de que podemos evoluir e aprender com o que ainda não nos é conhecido, não só é uma atitude inteligente como também sábia. Por que então, rejeitam-se e esquecem-se nas reuniões de negócios esses atributos que não dominamos, mas que sabemos existir?

Por que deixamos passar excelentes oportunidades e não intervimos a favor de todos os envolvidos?

Por que não usamos a percepção para com os seres humanos na sala, e assim chegamos a uma conclusão perceptiva mais rápida que a racional?

Por que permitimos que parcerias sejam rompidas após uma relação de sucesso?

Pelo simples fato de que não confiamos 100% em nossa intuição. Não nos ensinaram a confiar em algo que é totalmente subjetivo e que ainda não há, de forma palpável, como mensurar o grau em cada um de nós.

Mas não levar em conta esta "ferramenta" à disposição de todos os seres humanos é abrir mão de resultados excelentes!

"Escutar" a intuição durante um processo de negociação nos permite ver e saber o que o cliente ser humano deseja com determinado projeto ou idéia.

Podemos saber o quanto é importante para a empresa o resultado da negociação, e com este "saber a mais" podemos direcionar o processo evitando pontos conflituosos, seja no âmbito empresarial ou no âmbito pessoal *(mais negócios não se concluem por conflitos em âmbitos pessoais que empresariais; o fato é que ninguém tem coragem de admitir isso).*

Não é aceito no mundo dos negócios que você deixe uma relação empresarial por motivos pessoais. O problema é que quando negociamos, mesmo passando por cima de questões e valores pessoais, não estamos abertos a escutar, ceder, compreender e flexibilizar.

Entramos em um labirinto do qual não há como sair, pois mesmo que a negociação se conclua, ficará sempre um mal-estar na relação e ao longo da mesma diversas divergências aparecerão e ambas as partes não terão qualquer atitude para minimizá-las, terão sim, uma postura interna *(claro)* com sua equipe de apontar os problemas do cliente e sua falta de ética etc. Quando os dois lados assumem esta estratégia, como poderemos achar uma solução para qualquer conflito que apareça? Como poderemos pensar no que é melhor para os dois lados, se achamos que o cliente ou parceiro está pensando apenas nos interesses dele? Pior ainda, não apenas nos interesses da empresa ou do negócio, mas do profissional ou equipe em questão.

Começamos a ver toda a sorte de impossibilidades em vez de vermos o que deveríamos, que é exatamente o contrário: oportunidades e possibilidades.

Assumimos uma postura de desconfiança que não só é nociva para o negócio, como para toda a relação.

Quando ninguém confia em ninguém, aonde poderemos chegar?

Podemos "vendenciar" para alguém que não confiamos, mas só conseguiremos "negociar" com quem confiamos. Esta é uma regra da qual não há como fugir, a menos que mudemos nossa postura perante toda a situação.

Mas como mudar a postura perante alguém em quem não acreditamos, gostamos e/ou confiamos?

A resposta está exatamente na percepção e intuição. São essas duas ferramentas que poderão fazer maravilhas na mesa de negociação e durante todo o processo e relação que nascerá.

A única forma de buscarmos o que é melhor para nossos clientes e patrocinadores é gostando deles!

Você não conseguirá, por mais que tente, atingir resultados acima da média esperada por seus clientes, se não gostar das pessoas com quem se relaciona. Você conseguirá no máximo enganar algumas pessoas e tentar em vão enganar a si mesmo!

O problema de fingir importar-se com os resultados dos clientes, é que qualquer pessoa ao seu redor com um pouquinho de percepção notará sua farsa, e aí meu amigo, é que nossos problemas começam verdadeiramente!

Imagine-se percebendo que o seu futuro parceiro não se importa com os seus resultados. Pior ainda, não gosta de você e está tentando enganá-lo! Mesmo que esse "enganar" seja apenas o fato de disfarçar sua falta de empatia com as pessoas envolvidas, seu sentimento de indiferença para com eles e seu antagonismo a tudo que se refere a eles como seres humanos.

Não precisamos fazer nada desonesto para sermos tachados de "enganadores". Como a intuição capta sentimentos e a energia que emana das pessoas, será muito fácil captarem nossos sentimentos. A partir daí, entram automaticamente em um *modus operandi* de defensiva, e quando isto acontece tudo está comprometido.

A intuição não "traduz" pensamentos, apenas a energia que é gerada ao nosso redor; nossos inconscientes se comunicam, alheios à nossa vontade, com os inconscientes dos demais. Essa "comunicação" se dá em um nível muito sutil para nos apercebermos dela e não distingue os porquês de determinadas energias, apenas as identifica e entra em defensiva.

Por isso, quando ensaiamos uma apresentação, mas não confiamos, não nos interessamos e/ou não nos ocupamos verdadeiramente dos resultados de nossos clientes e patrocinadores "empresas", os seres humanos que representam essas empresas "captam" inconscientemente esta energia, e por mais que oferecemos benefícios e prometemos determinado retorno, o negócio dificilmente se concretizará, ou se acontecer poderá não dar em nada, já que as pessoas envolvidas buscarão uma forma para cancelar ou adiar o projeto. Se você perguntar para cada uma delas, ouvirá respostas vagas ou inconclusíveis. Alguns podem até admitir informalmente que "sentiu" alguma coisa, que não estava completamente seguro etc...

Nenhum de nós se sentirá seguro, se perceber que está sendo enganado ou que parceiros "escondem" algo.

Dá para imaginar quantos milhões e milhões de dólares são perdidos por isso?

Quantas parcerias duradouras deixam de existir? Quantos empregos deixam de ser gerados?

Não nos enganemos, quase todas as decisões em uma negociação são pessoais, no "final é sempre pessoal" (Winston Churchill).

O fato de não crermos e aceitarmos isso, talvez seja porque as faculdades e cursos não nos ensinam o que não pode ser comprovado, a não ser na prática.

Claro, nenhum de nós é "obrigado" a gostar de uma pessoa só porque ela representa determinado cliente. É importante ressaltar que se nos apercebermos que não "gostamos" ou "simpatizamos" com algum membro da equipe do cliente, patrocinador ou parceiro, não significa necessariamente que não queremos o melhor para essas empresas, o único problema é que ninguém sabe disso. O ser humano à sua frente representa os interesses da empresa X, Y, Z, e em caso de se sentir ameaçado ou antipatizado por você, simplesmente declinará da proposta.

Melhor seria que ele simplesmente soubesse, "não gosto de tal pessoa, mas ela é competente e seu projeto trará grandes benefícios para nós etc". Quando o cliente humano identifica que apenas "não vai com a nossa cara", melhor, pois pode desassociar nossa pessoa do projeto que representamos *(é difícil, mas acontece)*.

Porém, mesmo isso, só é possível se realmente estivermos ocupados com o que é melhor para o cliente empresa. Se não estivermos comprometidos e tentarmos "disfarçar" ou "enganar" nossos sentimentos, seremos pegos como criança fazendo arte, seja conscientemente *(que é quando o cliente diz claramente que nossa proposta não corresponde totalmente aos interesses dele)* ou inconscientemente *(quando não identifica o porquê ou como, mas sabe que está sendo ludibriado)*.

A única forma de evitar que isso aconteça é quando, identificando esse sentimento em relação a nossos futuros parceiros, clientes e em nós mesmos, nos retiramos do processo de negociação, pedindo que outra pessoa de nossa equipe se relacione com ele.

Claro que ninguém gosta de assumir para si mesmo que deixará uma negociação por não gostar do cliente, mas se você quer a parceria, se ela é importante, melhor pedir que outra pessoa assuma o projeto perante aquele determinado cliente humano, pois por mais que você se esforce, não conseguirá passar por cima de seus sentimentos, não no âmbito inconsciente.

Um fator importante, que devemos levar em consideração, é que mesmo que sejamos totalmente racionais, mesmo que sejamos exímios enxadristas e não acreditamos que energias, intuições e/ou quaisquer situações subjetivas nas quais não tenhamos domínio, possa interferir nos resultados de nossa negociação, lembramos de que nosso principal cliente pode ser exatamente contrário a isso e se nortear por tudo o que nós desacreditamos.

Se isso acontecer, como resolveremos a situação?

Devemos buscar abrir novas possibilidades de crescermos como profissionais, e para isso, como pessoas inteligentes, não rejeitarmos o que a mente divina deu a todos nós sem distinção de raça, cor ou credo.

Percepção e intuição, a meu ver, são formas de inteligência, que quando usadas ao nosso favor podem trazer resultados surpreendentes à nossa vida empresarial.

A postura mais comum entre pessoas com características exatas é achar que precisarão abrir mão de sua forma racional de ser, para se beneficiarem da intuição. Esta é uma visão distorcida, pois a intuição pode ajudar a estratégia de um enxadrista a ser concluída com mais precisão, pois levará em consideração não apenas a estratégia traçada, mas a forma de ver, sentir e entender de seu cliente. Humanizará a relação e minimizará a margem de erros *(pois levará em conta o ponto de vista objetivo e principalmente o subjetivo do outro)*, beneficiando a todos, inclusive ele próprio, com resultados muito acima do esperado.

Observei que grandes estrategistas não são grandes negociadores, parecem ser, possuem o discurso, porém quando se deparam com a necessidade de flexibilização, concessão, modificação e/ou improvisação, se apegam à estratégia traçada e se negam a ver por outro ângulo.

O costume de lidar com os negócios como se fosse um campo de guerra, alimentado por anos a fio pelo mercado, gerou este comportamento que a maioria das empresas adota. Porém, isso só é feito por acreditarem que é a melhor tática. Se você, negociador humano, começar a apostar em uma abordagem diferente, verá como os seus resultados falarão por si.

Grandes corporações mantêm uma área de "inteligência" para criar estratégias *(o que faz muito sentido, devemos saber de onde viemos, onde estamos e principalmente para onde iremos com nossas empresas e carreiras),* mas se acharmos que criando uma única estratégia de negociação, exata, com pouca flexibilidade, racional e comercial será o suficiente para superarmos expectativas, sobretudo dos clientes, atingindo seus objetivos, sinto dizer, mas ficaremos a ver navios...

Precisamos aumentar nossa percepção quanto às necessidades de nossos clientes "empresas" e "seres humanos", precisamos nos aperceber que nossos melhores resultados estão onde está o melhor benefício para o cliente, onde está a posição mais confortável para o profissional que representa os interesses dos mesmos.

Atentemo-nos para a humanização nas negociações, lembremos que qualquer postura ditatorial é maléfica e de visão estreita em uma relação de negócios.

Devemos "escutar" nossa intuição e deixar que ela nos norteie durante a negociação. Lembre-se de que tudo está nas mãos do negociador, as empresas, os produtos, cidades, estados e países estão nas mãos dos negociadores e não nas mãos de ditadores. Os poucos que regem seus povos desta forma, assim como suas empresas e estratégias de negociação, estão fadados a desaparecer!

Já reparou como uma mulher atua em uma mesa de negociação?

Estou falando das mulheres inteligentes que souberam assumir sua posição na sociedade e no mundo corporativo sem se transformarem em homens de saia. Estou me referindo àquelas mulheres que usaram a parte racional do cérebro, sem abrir mão do que elas possuem afinadíssimo, intuição e percepção aguçadas. Quando unidas a um raciocínio lógico e perspicaz, se transformam em negociadoras humanas de primeira!

Conseguem o que querem, superam os resultados esperados, tanto pelo cliente quanto pela empresa que representam e estabelecem fortes laços, vínculos afetivos com seus clientes, parceiros e fornecedores. Não é à toa que cada vez mais as empresas estão abrindo espaço em cargos de decisão para elas.

Talvez isso se dê pela capacidade de se "doarem". Quando envolvidas em um projeto, usam todos os recursos à disposição para tomarem a decisão para onde devem ir não fazendo objeções egoístas quando precisam mudar a estratégia ou o rumo da negociação para melhor atender às necessidades do cliente. Mantêm-se com a mente aberta e a intuição aguçada, e no menor sinal de equívocos, lançam mão desta para tomarem suas decisões.

Já a maioria de nós, homens, se nega a aceitar qualquer forma de agir, que não seja puramente racional. Com isso deixa-se passar excelentes oportunidades de negócios e parcerias. Por travarem uma "batalha" racional e que se desencadeará em egoísmo, perdem dinheiro e parceiros.

O tabu de aceitar ouvir a intuição, é para a maioria dos homens negociadores, o grande limitador de resultados.

O mais curioso é que entre os amigos e a equipe, mesmo não concluindo o negócio, muitos se vangloriam como "meninos valentões", falando: "não cedi às exigências do cliente tal", "comigo é assim!", "tem que se ter mão de ferro nesta negociação" ou "prefiro perder o cliente a deixar que ele dite as regras". Tudo isso não passa de conceitos ultrapassados e pouco inteligentes, já que o principal objetivo é concluir a negociação tendo a capacidade de estabelecer uma relação de amizade e parceria com nossos clientes.

O comportamento de "guerrilheiro" nos processos de negociação, muito enfatizado e praticado por milhares de empresas, **NÃO TRAZ OS MELHORES RESULTADOS**. Se você se sente um guerrilheiro, vá para o campo de batalha, para as forças armadas!

O mundo do negociador é a diplomacia e o interesse sincero de seus objetivos.

E seus objetivos são dois

- Concluir o negócio com o melhor resultado para seus clientes e sua empresa.
- Estabelecer e manter uma relação com seus parceiros.

Qualquer profissional que não guardar estes dois objetivos básicos, estará trabalhando e se matando, tendo sempre a sensação de trabalho por realizar...

Quando aumentarmos nossa percepção para os interesses reais dos clientes e deixarmos nos guiar também pela intuição, concluiremos mais rápido qualquer rodada de negociação, superando cada vez mais as expectativas de nossos clientes e de nossas empresas, tendo ainda como "bônus" um resultado tanto humano, como financeiro surpreendente, nos tornaremos melhores profissionais e aprenderemos matérias que não nos ensinaram em curso algum.

Se nós, negociadores humanos, usarmos de intuição e percepção para conduzir um processo de negociação, teremos uma visão muito mais ampla que qualquer negociador exato, isso porque com o aumento da percepção, detectamos rapidamente a estratégia adotada por nosso parceiro e conseguimos "mover" toda a negociação de forma a atender suas solicitações e até conceder alguns benefícios extras que ele próprio não havia pensado e ainda concluir com êxito a parceria.

Isto se dá exatamente porque com o aumento da percepção, conseguimos "ver" de vários ângulos a mesma proposta, e com a intuição "captamos" o que não é dito, seja por receio ou por educação ou mesmo por achar que sugerir tal coisa seria um exagero.

Sim, alguns clientes até gostariam de solicitar durante uma negociação um "algo" a mais e não o fazem por vários motivos, mas quando o surpreendemos entregando o que ele gostaria de pedir e não o fez, ganhamos um parceiro e cliente por toda nossa vida profissional. E o que nos permite "captar" essa querência a mais é exatamente a intuição!

Por isso mesmo sou fã das mulheres negociadoras, as mulheres que não abriram mão do seu lado feminino, conciliatório, e até mesmo materno.

O curioso é que muitas empresas, de forma imbecil, condenam essa que é uma das melhores qualidades em um negociador, o lado humano.

Algumas empresas assumem uma postura machista e dizem que mulheres não são boas negociadoras porque são muito "emocionais". Esse é um dos maiores absurdos que já ouvi a respeito de nossa profissão.

As mulheres, com seu "jeitinho" de conduzir as coisas, nunca prometem o que não podem entregar, sempre buscam o "caminho do meio" a fim de atingir os objetivos de ambos os lados e sempre conseguem excelentes resultados financeiros.

Em uma mesa de negociação a maioria das mulheres segue seu "coração", que nada mais é que ouvir a intuição. Com isso conquistam clientes, fornecedores e parceiros de negócio por toda uma vida. Por ouvirem a intuição, estão mais abertas a novas idéias e soluções sensacionais; por manterem suas mentes conectadas com suas emoções, acessam "inteligências" e "poderes" desconhecidos e não cognoscíveis para a maioria de nós, homens.

Essa atitude evita muitos conflitos de egos, o que com os homens se estabelece quase que a todo o momento e não existe nada mais nocivo para uma relação de negócios que dois marmanjos digladiando para saber quem é o mais forte ou quem manda mais.

Ambos saem perdendo, pois ao concentrarem suas inteligências e energias nessa "competição" em que ninguém ganhará nada, acabam por execrarem grandes oportunidades de parcerias e perdem inclusive muito dinheiro!

Se perguntarmos para dez "vendenciadores", os dez dirão que não possuem essa atitude.

Por não perceberem, não conseguem evoluir nesta questão, alcançar melhores resultados e cada vez mais parceiros e clientes.

A falta de percepção e intuição nos leva fatalmente a "competir" com nossos interlocutores e a tirar nosso foco, nos distanciando de nosso principal objetivo, que é concluir o negócio e a parceria.

Atenha-se para a percepção e intuição e verá como os resultados mudarão consideravelmente.

Não adianta transferirmos a responsabilidade para nossos clientes e parceiros, pois ao fazermos isso prejudicamos a nós mesmos.

De que adianta argumentar: "O cliente é insolente e incoerente, impossível concluir a negociação, pois só pensa nos interesses dele!"

Esta, meu amigo, sinto-lhe em dizer, é a função dele e cabe ao negociador humano transcender isso e concluir o negócio, beneficiando a todos da melhor forma possível. Pois, se houver um negociador humano na mesa que possua grande percepção e intuição aguçada, achará uma solução para driblar esses pormenores.

O fato de voltarmos sem concluir o negócio e responsabilizarmos totalmente o cliente é uma inteira falta de percepção e intuição. Claro que há sempre a chance de sermos surpreendidos. Quando o profissional que representa o cliente é um negociador humano tudo pode ser diferente, porém não podemos como negociadores, entregarmos à sorte o resultado de uma concretização de parceria ou deixar ao acaso a possibilidade de encontrar alguém que nos compreenda, pois quando fazemos isso entregamos todo o nosso "poder" em mãos alheias.

Busque dentro de você o "por que não?" de uma negociação, escute sua intuição e procure aumentar sua percepção em relação aos seres humanos à sua frente.

Concentre-se nas pessoas e não no prédio da empresa que ela representa. A percepção deve ser aumentada para com as pessoas e não com a estratégia da empresa ou os números de seu balanço *(isso já foi feito antes da negociação começar)*.

Todo mundo gosta de trabalhar com quem tem sintonia, até nós, então mãos à obra, comece a transformação já!

Busque seus instintos e ouça-os, esvazie-se do cognoscível. Por um momento, ouça o que só você consegue *(seu interior)*. Isso mudará sua forma de agir e de pensar, vai humanizá-lo, trazer grandes conquistas, resultados e muito, muito dinheiro mesmo!!!

Você já reparou o que toda personalidade de sucesso mundial tem em comum?

Todos, absolutamente todos, afirmam que "seguiram seu coração", e seguir o coração significa "escutar a intuição" e seguir em frente!

Se você já está na profissão que tem o **poder de realizar sonhos**, por que ainda não chegou exatamente aonde gostaria? Por que seus resultados ainda deixam a desejar? Por que você tem sempre aquela sensação de que está perto de realizar um grande negócio e de repente se desfaz? Ou ouve falar que um colega conseguiu aquela promoção ou aquele cliente que você tanto almejou? Por que você estudou tanto, colegial, faculdade, pós-graduação, MBAs, línguas, noites e noites sem dormir direito, finais de semanas inteiros estudando e não se sente recompensado interior e financeiramente?

Por que você, um excelente profissional dedicado e compenetrado, que seguiu a cartilha do bê-a-bá direitinho, não conseguiu o reconhecimento merecido após tantos anos de dedicação? Por que você que tem o "poder de realizar sonhos", ainda não realizou o seu?

Já parou para pensar que talvez você precise se humanizar? Precisa seguir sua intuição, seu coração e mandar ver!

Se você tiver coragem, e tem, você já chegou até aqui! Agora pode ouvir só um pouquinho seu coração, aumentar sua percepção para com os outros seres humanos negociadores e fazer uso da intuição. Comece agora a mudar sua estratégia de negócios e de condução das relações.

Você precisa se destacar dos demais, não por ser superior ou igual a um modelo específico eleito pela mídia, mas por ser diferente, e esta diferença pode ser exatamente a que você nasceu com ela; o seu lado humano, intuitivo e perceptivo!!!

Hoje em dia todos gostam de vangloriar-se da quantidade de cursos que fizeram *(claro que devemos e podemos nos orgulhar de nossos conhecimentos, porém, eles não traduzem quem você é por dentro)* ou dos vários países que conhecem *(é ótimo conhecer várias culturas, todos nós gostamos, mas isso também não diz exatamente quem nós somos por dentro)* ou ainda das parafernálias tecnológicas que sabem usar em suas apresentações *(mas isso não diferencia ninguém mais hoje em dia! Pois todos nós usamos alguns equipamentos para apresentarmos projetos)*, então, só nos resta verdadeiramente para nos diferenciarmos e mostrarmos todo o nosso potencial profissional junto aos nossos clientes, **O QUE SOMOS POR DENTRO**, isto é: percepção e intuição para acessarmos nossa humanidade interior e colocá-la a serviço de nossos semelhantes-clientes. A maioria dos profissionais e empresas não pensa em clientes como nossos semelhantes, mas de fato o são! E ignorarmos isso influencia nos negócios.

Se você quiser ocupar seu lugar ao sol, se quiser se diferenciar como um negociador humano único, deve se atentar para sua humanidade interior.

Isso lhe trará a percepção e a intuição, que abrirão portas para resultados sempre esperados e nunca alcançados!

Ouça o que a Mente Criadora do Universo nos deu, ouça a energia transformadora, ouça o movimento do cosmo em constante transformação e transforme-se também!

Seu futuro como negociador humano está dentro de você e não em um livro ou sala de aula!

Seu poder está disponível em sua alma... escute-a e o conhecerá!

– X –

Não pense em dinheiro, pense em realização

> *O desafio não é estabelecer uma parceria, mas sim ter a sabedoria de perpetuá-la.*

Perder para ganhar, algo que matematicamente é ancorado na lógica, é muito difícil de aceitar, já que todos nós negociamos para que em última instância obtenhamos lucros; seja do serviço, produto ou projeto. Porém, há algo na forma de conduzir essa estratégia que evita que tenhamos os resultados que esperamos e curiosamente é o fato de entrarmos dispostos a ganhar tudo o que pudermos, obtendo assim, o máximo de lucratividade possível em um único momento, não levando em consideração a longevidade da relação. Claro que o responsável por isso é o próprio mercado e a filosofia adotada pelas empresas mundo afora.

O fato de os executivos que se intitulam negociadores implacáveis se comportarem como se estivessem em uma olimpíada, ou seja, ganhar em todos os momentos e a qualquer custo sempre, faz com que seus clientes, parceiros e/ou colaboradores fiquem sempre em segundo plano, pois só pode haver um "vencedor" e para que haja um vencedor deve-se ter, claro, um perdedor! E acabam levando esta filosofia para todas as áreas da corporação, influenciando, inclusive, seus estagiários que nem saíram da faculdade ainda e já adotam as regras do jogo do "ganha-ganha", sem questionar *(e nem poderiam, como questionar as regras de um jogo que você está aprendendo a jogar?).*

Cria-se um mal-estar terrível e todos começam a encarar a todos como adversários interna e externamente. É uma estratégia de visão de curto prazo, que se pararmos para pensar, só irá se reverter contra nós mesmos.

Imagine: se dentro das organizações esta competitividade exacerbada se estabelece com as pessoas que vestem a mesma camisa e têm o mesmo logotipo acima do nome, o que dirá com um cliente ou parceiro? Claro que partiremos para a negociação com a fúria de um triatleta disposto a ganhar, ganhar e ganhar...

Três perguntas:

Alguém que está disposto a investir, ou comprar seu produto, serviço ou projeto, pode mesmo ser encarado como um adversário?

O que nos resta se encararmos a tudo e a todos como competidores?

De que adianta gastar milhões e milhões de dólares em treinamento, integração e *marketing* de relacionamento, se no fundo vemos tudo como uma competição?

Já presenciei empreendedores utilizarem desta "tática" para motivar seus colaboradores. É uma das formas mais inúteis que existe, pois ao incitar a competitividade interna, reina um espírito de desarmonia geral, desavenças e rompe-se definitivamente com a comunicação.

Negociadores que se deixam levar *(e a maioria deixa)* resumem-se em uma visão muito estreitos de possibilidades e mais estreitos ainda serão seus resultados. E não há argumento, pois por mais que um negociador competitivo tenha resultados e ganhe dinheiro, ele ainda assim será muito efêmero perto do que poderia obter com uma abordagem diferente. O fato de não concordarem é exatamente a falta de visão de possibilidades, já que recusamos o que não vemos e se não vemos, ignoramos e se ignoramos, como podemos afirmar que temos excelentes resultados?

O porquê de determinados empreendedores e empresas adotarem isso como forma de incentivo mostra-nos duas coisas:

A primeira é que não conhecem outra forma de incentivar suas equipes, e por não conhecerem lançam mão desta inutilidade.

Se não vêem outra forma de incentivos a não ser a competição, significa que estão "cegos" para as inúmeras possibilidades de incentivos e de resultados a serem obtidos com seus empreendimentos. E se estão "cegos", como podem "guiar" uma empresa e as vidas que se dedicam a ela? Você entraria em um avião ou em um barco sabendo que o capitão ou comandante não enxerga?

A segunda, que não precisa ser nenhum gênio para concluir, é que nem todos os empreendedores são negociadores, e por não serem assumem a postura do "empresário", sentam em suas cadeiras e começam a ditar diretrizes e sem o menor conhecimento prático, usam, na maioria das vezes, conhecimentos obtidos de estudos, cursos, livros e/ou imitam modismos que não convencem ninguém, nem a eles próprios.

É triste ver como muitas idéias e projetos naufragam por assumirem esta postura.

Como negociador humano você pode e deve fazer opções diferentes. Está, na maioria das vezes, em suas mãos estender uma relação com parceiros por anos a fio... Saber fazer concessões, não por politicagem, mas por conhecer a verdade sobre cada um de seus clientes é um de nossos principais objetivos.

Estar ao lado deles na bonança *(afinal você contribuiu para que isso acontecesse)* é um direito adquirido. Já estar ao lado deles na crise *(parceiros devem estar lado a lado em todos os momentos)* é uma premissa que devemos guardar.

Curioso como muitas das vezes uma relação comercial se solidifica quando uma das empresas passa por dificuldades, pois os que ficam ao lado dela demonstram claramente que tipo de relação têm com seus parceiros.

O negociador habilidoso que faz uso da humanidade para ancorar seus relacionamentos com clientes sabe que muitas e muitas vezes devemos perder se quisermos ganhar!

Não dá para ganhar tudo em uma única vez, é preciso cultivar a parceria, estendê-la ao longo de uma vida de dedicação e trabalho. Até porque, ao vermos as coisas desta forma, ampliamos as possibilidades infinitamente.

Não perdemos nada quando abrimos mão de uma determinada questão, seja operacional, estratégica ou financeira; o fato de cedermos um pouquinho ou deixarmos para obter um resultado comercial melhor em um próximo negócio com o mesmo parceiro mostra claramente a quê e por quê viemos e estamos onde estamos.

Cedemos porque estamos vendo possibilidades, vislumbrando o desdobramento do negócio em si. E quando vemos onde e o que quase ninguém vê, podemos sem receios ou sombra de dúvida deixar para obter lucros ao longo da parceria e não em um único momento específico.

Não estou dizendo com isso que devemos ter prejuízos financeiros, como se comprássemos o direito de obter tal empresa em nossa carteira de clientes, mas sim em ceder, flexibilizar e diluir o que objetivamos lucrar em alguns negócios juntos e não apenas em um único!

Tudo a seu tempo... há o tempo em que semeamos e há o tempo em que colhemos... O tempo de investir na relação e o tempo de colher seus frutos mais virtuosos...

Os competidores que me desculpem, mas quando alcançamos o cume de uma montanha é muito bom ter alguém para quem olhar e dizer: valeu a pena!!! Alguém que sabemos que enfrentou conosco chuva, frio e fome! Alguém que conquistou nossa admiração passo a passo rumo à montanha mais alta de nossas vidas e carreiras! A sensação de chegar junto é algo que quem "pensa" que chega sozinho jamais experimentou, e quando o fizer, entenderá o que estou tentando dizer!

O negociador humano da montanha e o "vendenciador" do vale

O negociador do vale é apenas um "vendenciador", ele cumpre suas funções, oferece apenas o que consegue ver objetivamente e limita-se a olhar o mundo e seus sonhos apenas de sua forma míope, portanto, limitada de ver as coisas.

Faz conta de cada centavo e mantém sempre uma postura inflexível. Quando pressionado pelos clientes, cede, mas o faz com má vontade e mantém sempre o estado de "perda" em sua mente. Perde na maioria das vezes, mais tempo reclamando que perdeu por ter concedido algo a mais a seu cliente do que se felicitando por um novo negócio fechado.

Alimentado pela cultura corporativa, especialmente a brasileira, de não "comemorar" nunca um negócio fechado *(o que é algo muito estranho, pois comemoramos tudo a todo o momento, percebo que quando o time de alguém ganha um jogo, há mais comemoração que se um negócio de centenas de milhares de reais fosse fechado! Não há explicação para esta falta de energia positiva nos escritórios)*, atém-se à sua postura que é quase um ostracismo humano, isto é, o indivíduo fala *(mas não conversa)*, ouve *(mas não escuta)* e seu desempenho, mesmo que ele esteja se esforçando muito, é medíocre *(comparado com o de um negociador humano)*.

O que se segue dentro do "vale" é uma competição *(algumas vezes até desonesta)* que de nada adianta, daí o "pobre-coitado" cai na armadilha da inveja, começa a achar que tudo o que era para ser "seu" está indo para outras pessoas e o vale se transforma em um inferno! Alimentado pela competitividade e com a mente "fechada" para novas possibilidades, acaba por se autodestruir.

Mesmo que o vendenciador do vale ganhe milhões, ele sentirá que algo lhe foi tirado, e este sentimento não permitirá a ele se transformar em um negociador humano. Perde o senso de avaliação ampla e acaba alimentando dentro de si mesmo a mediocridade e a pobreza de espírito.

Para suas empresas e empregadores que muitas vezes participam das mesmas opiniões, eles "servem a seus propósitos", porém, quando começam a criar teias de aranha e os resultados de suas "vendas" já não mais agradam as metas, o despedem!

E esse ser humano que poderia ter sido um grande negociador humano, que poderia se transformar num empreendedor de sucesso e escalar todas as montanhas que quisesse, acaba por remoer, a princípio com os amigos *(que na maioria das vezes são poucos)* e por fim, quando esses não agüentam mais ouvir suas lamentações do tempo da juventude quando vendia e impunha a duras penas as regras para seus clientes, volta-se aos familiares.

Ninguém o quer como consultor, ninguém o quer como um bom ex-parceiro de negócio que poderia ir para a equipe de um grande cliente que cresceu, ninguém o quer como amigo e por fim ninguém o quer por perto!

Acaba dentro do vale, imagina-se o rei da razão e que sua "verdade" e forma de agir eram as "certas" e que todo o mundo está errado e contra ele. Triste, termina seus dias dentro do vale cheio de sombras...

Do sol só conheceu alguns poucos raios em dias distantes, quando alguém ainda acreditava e investia em suas idéias.

Já o negociador da montanha vê o todo, contempla o vale e os outros picos das montanhas ao redor, anseia por saber o que está por detrás delas.

Tem carinho pelo vale, mas sabe que seu lugar não é ali... Precisa ver outros "mundos".

Em vez de desdenhar do conhecimento que os "vendenciadores do vale" utilizam, busca aprendê-los para transcendê-los, anseia por mais conhecimento, mais sabedoria... novos desafios!!!

Ele sabe buscar o melhor caminho, pois precisa chegar ao cume do pico! Não sabe o que encontrará, as dificuldades e obstáculos que enfrentará, porém precisa ver o que há lá em cima, precisa sentir o vento no rosto, os primeiros raios de um dia de sol, o cair da tarde e um anoitecer tranqüilo...

Precisa ver como é o vale visto de cima e se põe a trabalhar em sua empreitada! Para isso terá de atravessar o vale e entender suas leis, porém será mais flexível *(quando sabemos aonde queremos ir, não nos atemos a detalhes de inflexibilidade, nem a pequenas concessões que precisamos fazer ao longo do percurso, festejamos a cada parceiro conquistado e temos a certeza de que estão somando em nossa jornada e não subtraindo. Ao termos esta consciência não encaramos nossos clientes como competidores, mas como companheiros de percurso. Ao encararmos desta forma não temos dificuldades em ceder numa questão específica, somos levados a isso, pois sabemos que em outro momento somos nós quem poderemos ter de solicitar esta flexibilidade por parte do parceiro, cliente, colaborador ou patrocinador).*

Busca o caminho de forma mais tranqüila, e por ter uma visão mais ampla, pode conduzir sua carreira, equipe, projeto, empresa por percursos mais seguros, pois sonha grande, consegue ver o macro e descobre que muitas vezes, ceder é ganhar!

Sua visão de mundo transcende o dia-a-dia atual e a negociação momentânea para algo que se perpetuará...

Ao atingir o topo da montanha, ele consegue ver uma tempestade a distância, assim como o nascer do sol em primeiro lugar. Vê oportunidades antes dos vendenciadores do vale, pois mantém sua direção com uma visão de 360 graus. Isto permite perceber do que e de quem precisará ao cruzar mais um vale rumo ao próximo topo, pois antes de todos, consegue prever e programar sua incursão vale adentro.

A sabedoria adquirida ao longo da caminhada o faz saber que esta é apenas uma das milhares de montanhas que encontrará ao longo de sua carreira e vida, e que assim como há montanhas a serem galgadas, há vales a serem atravessados e que ambos trazem em si uma sabedoria única e peculiar a cada um deles, sabedoria esta que poderá e deverá ser aplicada dia a dia, negócio a negócio, parceiro a parceiro.

Desta forma considera a todos importantes, pois em uma tempestade, de nada adiantaria seu carro de luxo, seu terno de grife ou seu nome de prestígio, o que contará serão seus companheiros de viagem, sua preparação e capacidade de improvisação.

Nisso descobrimos que para galgar outro cume, para continuarmos vendo à frente, precisamos aceitar que nada sabemos quando saímos do pequeno mundo do vale em que vivemos! A esse ser humano, que escuta a sabedoria e tem a coragem de buscar desafios fora de sua zona de conforto e de seu conhecido meio, respeitando sempre a todos que encontra pelo caminho, chamamos de negociador humano da montanha.

Não é à toa que por muitas vezes é ele quem compreende *(pois sua visão é mais ampla),* é ele quem cede *(pois sabe que isso é apenas detalhe)* e é também ele quem tem uma visão tão ampla que amedronta e assusta os que o cercam. Porém, como tem a certeza que seu poder está na capacidade de saber subir e descer montanhas, de atravessar vales e de se relacionar humanamente com seus companheiros, não teme a mudança, pois faz parte de sua vida; não teme a tempestade, pois já sobreviveu a várias e o desconhecido não o assusta, porque sabe que só o será até tornar-se conhecido.

A força do negociador da montanha está em VER ONDE NINGUÉM MAIS VÊ!!!

Em nossa cultura ocidental, valorizamos o indivíduo que possui e damos pouca atenção ao que ele é, por isso temos mais vendenciadores do que negociadores humanos.

O fato é: quem tem não é e pode nunca chegar a ser! Pois não se apercebe disso, porém, quem é invariavelmente terá, pois sabe que depende única e exclusivamente de si!

Não atribui a responsabilidade a outros por sua carreira, negócios e enriquecimento.

Sabe que está em suas "mãos", em sua cabeça e principalmente em sua alma toda a sabedoria, conhecimento e capacidade de fazer fortunas e de negociar de forma excepcional. Sabe que se houver um revés poderá reconstruir tudo novamente, maior e melhor, quantas vezes for preciso. Só sabe disso, porque atribui seu sucesso ao que ele é como pessoa e como negociador humano, não ao que possui.

O fato de conquistar o que conquistou e de estar onde está, não importando o que tentam fazer você acreditar, é o que faz toda a diferença.

(Parece óbvio, mas não é. A maioria das pessoas pensam que se tirarem o que possuem, seus empregos, seus automóveis, suas propriedades, deixarão de ser quem são. O "mercado" as faz esquecer que foram elas próprias com o suor de seus rostos, dia a dia, negócio a negócio, que construíram seus patrimônios. Esquecem que muitas vezes tiveram que "perder para ganhar" e que foi graças a isso que imprimiram em suas almas a sabedoria do "como fazer" e isso ninguém pode tirar. VOCÊ É!!! E por ser, poderá reconstruir e ganhar quanto dinheiro quiser).

Lembre-se: saber "como fazer" gera muito dinheiro, porém dinheiro não ensina a ninguém a "saber como", portanto, o que tem mais valor?

Atribuo à capacidade de sonhar o êxito das grandes negociações, sonhar é lidar com a energia do mistério da vida, da criação...

Conheci ao longo do caminho grandes negociadores e todos grandes sonhadores.

O sonho é o combustível de todo ser humano. Sonha-se com amores, graduações, viagens, transformações, realizações; nascemos do sonho de nossos pais e vivemos para realizar nossos próprios sonhos. E para o negociador humano não há elemento mais importante do que a capacidade de sonhar...

Quando todos desistem, ele continua... Quando todos se cansam, ele ainda luta!

Contagia a tudo e a todos, acreditando e nunca desistindo!

Quando um patrocinador desiste de um projeto ou um cliente lhe diz: NÃO! Reflete...

E continua seguindo adiante... Então o sonho se realiza! É o fruto de sua crença, de sua perseverança e de sua capacidade de sonhar e realizar!

Uma das atitudes que mais interferem e atrapalham qualquer pessoa na prática da profissão e portanto em sua capacidade de realizar sonhos é negociar pensando em dinheiro. Quando focamos nossas mentes em valores financeiros envolvidos em qualquer negociação, perdemos nossa inteligência de alma, impossibilitamos a retroinformação e trabalhamos contra nós mesmos!

Quando focamos o produto ou serviço oferecido a nossos clientes de forma excepcional, quando não pensamos no que o recurso oriundo do patrocínio, projeto, pedido, serviço ou qualquer que seja o objeto da negociação, nos possibilitará comprar, adquirir ou realizar, focamos no objetivo maior, que é a melhor proposta para ambos os lados, na longevidade e desdobramento da união entre duas ou mais empresas e nas várias vidas humanas em prol de um objetivo comum, aumentamos com isso extraordinariamente as possibilidades de êxito.

Quando pensamos em valores de dinheiro, nas grandes somas e números envolvidos em determinada negociação, damos o primeiro passo para complicar nosso desempenho tanto profissional como pessoal.

Não estou dizendo que não devemos valorizar os recursos de nossos parceiros e patrocinadores, muito pelo contrário, fazemos o movimento de valorização quando pensamos em como nosso projeto, produto ou serviço poderá potencializar os resultados de nossos clientes.

Digo que ao objetivarmos em primeira instância os valores envolvidos na negociação, perderemos o norte e certamente passaremos a impressão de "simples vendedores" que querem concluir o que foram fazer e ir embora, sem se importar com nenhum resultado excepcional.

Profissionalmente ninguém gosta de negociar com mercenários, que deixam claro que estão dispostos a oferecer o que quer que seja que representem ao concorrente ou a quem pagar mais *(essa é uma das formas de pressionar que os "vendenciadores" mais usam, seja ele um mascate ou um alto executivo de uma multinacional)*, deixam isto claro durante as reuniões e acreditam fazer progresso quando o cliente sente-se intimidado e, portanto, fadado a tomar uma decisão *(o que os "vendenciadores" sempre acham que será a conclusão do negócio, pois como tais, estão com uma "visão" muito estreita do que está realmente se passando).*

Quando a decisão é tomada *(e na maioria das vezes negativamente)*, o "vendenciador" em vez de repassar os porquês, simplesmente fica decepcionado, não pela não conclusão do negócio, mas por não poder saciar o sonho de consumo que estava depositado em cima dos resultados da negociação.

Quando a decisão é positiva *(quase sempre pelo fato de o cliente não ter alternativa naquele momento),* o "vendedor" aperta a mão das pessoas mecanicamente, sorri e vai embora para "consumir" o resultado da venda. Não se dá ao trabalho de repassar os pontos negativos e positivos do processo, e com essa atitude acaba deixando claro, apesar de tentar inutilmente disfarçar, a que e por que veio.

Francamente, alguém pode construir uma carreira assim? Pode!

Existem aos montes, em todos os lugares, de Brasília a Nova Iorque. Porém, apenas em instituições e empresas obsoletas, que não vêem o futuro e baseiam-se simplesmente em cumprir a meta!

No âmbito pessoal, a impressão que um "profissional" com essa metodologia de trabalho deixa, não poderia ser pior *(a menos que ele levasse uma arma para sala de reunião concluísse o que fora fazer e pronto!).*

Todos nós já lidamos com pessoas assim, que deixam a sensação de que estão nos extorquindo, ficamos insatisfeitos com o atendimento, produto e procedimento. Um mal-estar se instala e é difícil engolir, prometemos para nós mesmos que nunca mais faremos qualquer negócio com a pessoa em questão e com qualquer um que tenha a mesma atitude.

Acontece todos os dias, em todos os lugares, o rapaz que lhe serve o café frio, o jornaleiro que é grosseiro, o motorista de táxi que percebe ser você um forasteiro e dá voltas sem fim. O fato é que, pensa-se que este tipo de procedimento no atendimento só se dá em serviços pequenos, porém, é um GRANDE engano! *(mesmo se fosse, não seria aceitável, mas ao menos, não intitulamos a moça mal humorada da lanchonete de negociadora, não é?).*

Estas atitudes estão instauradas no mundo corporativo, e muitas empresas sequer dão atenção ao procedimento desde que se cumpra a meta!

Há milhões em investimentos na qualidade dos serviços e produtos, mas é nos negociadores das empresas que os olhos e mentes dos parceiros estarão durante a negociação, e se esses não estiverem totalmente comprometidos com os resultados verdadeiros de seus clientes, todos perderão, e muito! Principalmente o "vendenciador", pois a empresa em algum momento poderá mudar sua forma de ver o futuro, dando-se conta de que aquele profissional não é o mais adequado para esse mundo novo.

É muito importante que saibamos que não negociamos por estarmos em uma empresa X, mas estamos nela por negociarmos!

É imprescindível que o negociador humano saiba que toda negociação conduzida por ele deporá contra ou a seu favor no "equilíbrio da vida".

Quando temos uma atitude indigna *(mesmo como alguns costumam se defender: a empresa não merece o profissional que sou)*, em todas as instâncias, sobre todas as circunstâncias, se comprometemos nossa qualidade de negociadores humanos, os principais prejudicados seremos nós mesmos! Se a empresa ou projeto não merece as horas-vida que você lhe dedica, deixe-o(a), mas não comprometa sua imagem junto a seus clientes e parceiros, jamais! Não jogue fora o que levou anos para construir...

O fato de o negociador humano não precisar pensar no dinheiro oriundo da negociação em questão é muito simples, ninguém precisa pensar em algo que será seu, não precisa levar para dentro da negociação o modo de gastar o que ganhará, deixe isso para o momento certo.

Negociadores humanos sonham muito e possuem a capacidade e o prazer de realizar todos, sejam existenciais ou de consumo. Sabem também que devem respeito a si e a seus sonhos... Trabalham também por eles e quando adquirem qualquer sonho de consumo, o realizam no momento certo, respeitando o ritual da realização e dividindo-o com as pessoas que amam profundamente. Por isso é um grande equívoco pensar em dinheiro durante qualquer processo de negociação.

Basta você pensar em dinheiro durante o processo de negociação, para as coisas começarem a se complicar. O fato de muitos não verem é exatamente por falta de percepção! Aumente-a e verá como é infalível esta lei na arte da negociação.

Em algumas relações humanas é necessário deixar claro a que viemos, e isso não é possível exigindo o tempo todo. O mesmo se estabelece em uma negociação. Às vezes precisamos mostrar nossa vontade de concretizar o projeto proposto, e para isso muitas vezes devemos "abrir" mão no primeiro momento. Como as pessoas estão acostumadas a lidar com "vendenciadores" que fazem conta de tudo, é natural que lhe recebam com essa postura, meio "armada" a se defenderem!

Como a parte mais delicada quando se negocia com vendenciadores é a questão financeira, a pessoa que está à sua frente tentará testar sua proposta de parceria nesta matéria: dinheiro.

Quando abrimos mão, somos flexíveis e entendemos que muitas vezes, apesar de a empresa ser gigantesca, não há uma verba programada para gastos extras. Quando mostramos que o que nos interessa é uma relação e não simplesmente vender e ir embora, buscamos um equilíbrio para administrar o recurso, deixamos claro nosso comprometimento para com eles e tudo fica mais tranqüilo, as coisas começam a fluir e você se surpreende com a boa vontade de todos.

A verdade é que quando nos comprometemos em uma mesa de negociação, nossos clientes também se comprometem conosco.

– XI –

Estruturando boas parcerias

> *Na arte da negociação humana, somos semeadores de resultados positivos, queremos que todos ganhem, pois só assim se desenvolvem grandes parcerias.*

Ao pensarmos em estruturação de boas parcerias devemos começar por nossa própria equipe de trabalho: pessoas sonhadoras e realizadoras, pessoas que têm por objetivo pessoal as mudanças, o inusitado e principalmente os desafios de novas montanhas e mundos. Para atrairmos pessoas com essa natureza devemos estar alinhados com essas filosofias e não apenas ancorados nos conceitos empresariais: metas, objetivos e missão. Pois tudo isso é muito bonito e lúdico quando impresso no papel e na placa de metal na recepção da empresa, porém, colocar isto em prática, é outra história...

Apesar de ser algo idealizado por todos, poucos, mas muito poucos mesmo, conseguem aplicar esses valores no dia-a-dia corporativo.

Não nos referimos aos "politicamente corretos", mas sim aos seres humanos que arregaçam as mangas junto com suas equipes para erguer os sonhos coletivos.

Para estabelecer esse tipo de parceria é necessário aplicar a negociação humana em sua potencialidade máxima.

Há coisas que o dinheiro não paga! Não importa o quanto oferecemos ou pagamos por cada hora-vida de um ser humano que se dedica aos nossos projetos ou o quanto nos dedicamos a projetos alheios, a verdade é que dentro desta relação, daremos muito mais do que pagamos ou recebemos por essas horas-vidas.

O que se precisa é de realizadores, o mundo está cheio de teóricos, o mercado está cheio de "doutores" em diversos assuntos. Mas quem são os verdadeiros realizadores? Quem nos ajuda a chegar lá...? Ou quem merece esta mesma ajuda?

Simplesmente não há como estabelecer uma relação se não for por meio de parcerias sólidas e muito bem estruturadas, pois mesmo que sejamos negociadores de um projeto de outrem ou idealizadores que necessitam de realizadores, sempre será uma relação de doação...

Doa-se tudo: tempo, vida, dinheiro, sonhos, conhecimentos e relações para se realizar algo.

O fato de não nos apercebermos disso dentro do relacionamento com nossas equipes, faz com que foquemos apenas o óbvio: – Trabalho para tal empresa e cumpro meu horário. Ou – Emprego tal pessoa e pago seu salário.

Isto no fundo é a parte mais rasa de qualquer relação e não podemos chamar de parceria.

Se quisermos estabelecer uma parceria, devemos agir como parceiros. Todo ser humano está disposto a doar tudo o que tiver de melhor para a realização de um projeto, sonho ou transformação, desde que perceba que sua colaboração tem a mesma importância para sua empresa como o projeto tem em sua vida.

Não podemos exigir de um parceiro de escritório ou equipe, que estes se doem totalmente, seja com tempo, conhecimento e/ou criatividade para algo que não farão parte, algo que no final das contas, sequer receberão o reconhecimento devido.

O "mercado" age como se fosse obrigação de qualquer colaborador doar tudo o que tem de melhor só pelo fato de lhe pagar um salário. Ninguém fará o seu melhor, mesmo que tenha este discurso, sentindo-se apenas como um "empregado", alguém que pode e será descartado quando não mais servir ao propósito, da mesma forma que as corporações não necessitam de pessoas que apenas "cumpram" o horário ou que sigam as "regras", *(não estamos mais na era da industrialização, estamos no século XXI e muitos profissionais continuam achando que cumprir o horário é o suficiente ou ater-se à sua função é cumprir a missão!)* o mundo precisa de envolvimento emocional e existencial. Se quisermos mudar alguma coisa, será por meio de parcerias, senão, manteremos a relação feudal, um pouco mais bonita, política, ecológica e socialmente mais correta, porém apenas isso!

Estabeleça de verdade uma parceria com seus companheiros de jornada, trate-os com o devido respeito, orgulhe-se das idéias sugeridas por eles, tenha-os em alto grau de valorização, saiba que mais do que colaboradores de seu projeto, são seres humanos que estão dispostos a doar tudo, tudo mesmo, para ver você alcançar o que sonha.

São exploradores na missão: **sonhar-realizar**, que não se deterão por nada nem ninguém para alcançar e ultrapassar seus limites!

Saiba que em muitos casos seu projeto precisa mais deles do que de recursos financeiros, mais deles do que de grandes gurus mercadológicos e muito mais deles do que até mesmo de você!

Se "sentirem" que estão no barco com você e que são valorizados por isso, não haverá limites para seus feitos, *(não estamos falando de valorização material, de pacotes de benefícios, isso é obvio que deve haver, mas de como são vistos e respeitados dentro do projeto)* se suas idéias são levadas em conta e eles são reconhecidos por isso não terão problemas, mas desafios a serem vencidos.

Certifique-se de que cada um de seus companheiros esteja sendo reconhecido pelo que lhe cabe e pelas horas-vida dedicadas, cuide para que todos recebam seus dividendos: materiais, profissionais, intelectuais e verá o valor da parceria interna.

Da mesma forma que se estamos negociando um projeto alheio, devemos focar no superar dos limites pessoais, profissionais e humanos.

Não podemos exigir uma relação humana unilateral, para funcionar tem de ser bilateral, uma via de duas mãos, uma relação que não é como se está acostumado ou como a maioria dos profissionais acaba agindo "gerenciando uma conta corrente", nesta relação deve haver muita humanidade e não limitarmo-nos a "fazer" apenas a nossa parte; devemos fazer e lutar pelo todo, devemos nos doar, criar, sonhar e realizar... Devemos cumprir nossa parte na consolidação da parceria com nossas empresas e instituições.

Lembre-se: ninguém chega lá sozinho... Portanto, mesmo que você já tenha contribuído bastante, mesmo que tenha se superado, só valerá quando o projeto estiver terminado e quando toda a equipe estiver junta na sua conclusão.

A partir daí, podemos nos lançar para o "mercado". Se tivermos uma equipe coesa e humana, podemos galgar os céus...

A busca pela parceria perfeita é muito idealizada, mas muito pouco alcançada. Seja pela falta de tato dos vendenciadores ou pela insensatez dos empreendedores, mas a verdade é que, na maioria das negociações, ainda temos um grau de insatisfação muito grande, o que acarreta uma relação conturbada cercada de altos e baixos, permeada de desconfianças e com um grau de envolvimento humano beirando ao zero.

Pratica-se a política de boa vizinhança e não a de "morarmos" no mesmo teto, ou seja, enquanto me interessar, enquanto você aceitar as condições que lhe imponho para obtenção de lucros, somos "parceiros"; a partir do momento que não mais for possível, rompemos!

Para estruturar boas parcerias com clientes e fornecedores, devemos de antemão buscar uma relação de médio e longo prazos, a partir daí, estamos cientes de que não poderá ser do meu jeito ou do seu jeito, mas do nosso jeito.

Uma relação de parceria deve prezar pelos interesses de ambas as partes, deve considerar as idéias de todos e saber que não há o seu, ou o meu desafio, mas sim o nosso desafio! Não há a sua dificuldade, mas sim as nossas, e que o objetivo é único e comum a todos, assim como o sucesso!

Ao negociador humano cabe:

- Entrar na relação deixando claro a que veio, o que podemos chamar de **atitude-parceiro**, esta atitude permite a nossos clientes vislumbrarem o que seria uma relação de longo prazo conosco.
- Chegar com soluções, deixando transparecer não só com palavras, mas principalmente com atitudes, que o que vemos são desafios e não problemas!
- Já na primeira reunião se expressar de forma transparente e objetiva, que não quer o dinheiro de seu parceiro e sim ajudá-lo a buscar dinheiro novo para seu produto, serviço ou projeto.
- Deixarmos evidente que viemos somar e não dividir; que

nos interessa uma relação e não apenas "vendenciar" o que quer que seja para ele.

- Buscarmos com nossos conhecimentos e experiência, ajudá-los a atingirem seus objetivos e não apenas a atingir os nossos, por meio da inclusão dos mesmos em nossa carteira.
- Desacreditando de algo, diga! Melhor desagradar a alguns e ter êxito, do que agradar a todos e somar fracasso!
- Lembrarmos que a missão é com todos: empresa, parceiros e clientes!
- Doar-se! Pois só assim, projetos ganharão vida... Porém saiba, para quem e por que o está fazendo.

Tudo pode ser feito quando assumimos a postura de parceiro. Invista em seu cliente, todo negociador humano faz isso! Invista hora-vida, invista relacionamentos, invista criatividade e, por fim, invista humanidade...

Estruturar boas parcerias é uma arte que poucos sabem, pois muito poucos se ocupam dela; isto porque na maioria das vezes atêm-se a "tirar pedidos", após ter concluído isto esquecem do cliente e só voltam a pensar com objetividade e dedicação nele na hora de "cumprir novamente a meta", erro que custa a todos milhares em dinheiro e de horas-vida desperdiçadas.

Estruturar boas parcerias significa pensar em seus clientes em tempo integral e não apenas no que diz respeito ao seu projeto. Quando mantemos os clientes em nossas mentes, podemos ter idéias fantásticas para solucionar desafios para os quais há muito não conseguíamos ver alternativas.

Quando os mantemos em mente, podemos estabelecer conexões com outros parceiros e destas conexões surgirão negócios e soluções criativas.

Se temos um cliente de produto e outro de serviço, não podemos criar uma conexão entre os dois e estreitar uma relação? Não nos custa nada e podemos ajudar aos parceiros. O negociador humano sabe que nem tudo no mundo dos negócios são só negócios!

O estruturar de boas parcerias está diretamente ancorado em como enxergamos tudo e todos ao nosso redor, se nos relacionamos somente para ganhar sempre; se nos interessa apenas vendenciar e ir embora, jamais poderemos estruturar e desfrutar do prazer de ter parceiros sólidos.

É notório as empresas e profissionais que agem assim, estão sempre em busca de novos clientes, reclamam dos antigos e acham invariavelmente, que todos, absolutamente todos, estão levando vantagem à sua custa, que os outros fazem negociatas às escondidas ou simplesmente não fazem nada e por isso seus negócios e projetos não frutificaram!

Assumem uma postura sempre de vítimas... Do mercado, da equipe, dos clientes.

Esquecem que, se amargam uma situação indesejável em uma parceria, possuem no mínimo 50% de responsabilidade pela mesma, talvez se tivessem escutado mais, falado menos e exercitado o *marketing* de indispensabilidade o desfecho fosse outro.

Bons estruturadores de parcerias são em sua grande maioria excelentes negociadores humanos, isto porque para se conseguir tal façanha não podemos impor, mas também não se pode deixar sem norte o caminho a seguir... tudo deve ter um objetivo final, prazos e porquês. Tudo deve seguir uma sincronia em prol do realizar de forma prática.

Estruturadores de parcerias são objetivos, não bajulam ninguém porque são sinceros e por isso mesmo respeitados, assumem sua parte no processo buscando unir e dirimir dúvidas e incertezas que porventura possam surgir.

Agem de boa-fé com imparcialidade, prezando sempre todas as partes envolvidas, cumprem prazos, estabelecem objetivos comuns e sabem flexibilizar para os alcançar; de forma inteligente não têm receios de dizer não!

Entendem que muitas vezes para algo se concretizar é necessário disciplina e comprometimento, e isso não se consegue utilizando-se do SIM levianamente!

Políticos sem escrúpulos dizem sim o tempo todo e para todos, os resultados... nós infelizmente já conhecemos.

Estruturar uma parceria dá trabalho, requer horas-vida de dedicação e mais trabalho se dá para zelar por ela, porém os frutos são duradouros e virtuosos.

Após alguns anos estruturando parcerias, descobrimos os valores inestimáveis delas, é quando todos no mercado reclamam da política econômica, dos cartéis, do governo, são nos momentos de incertezas e instabilidades que descobrimos o verdadeiro valor da palavra parceria!

Sem isso toda a negociação torna-se um jogo de ganha-ganha, em que o objetivo é extrativista, não se ocupam em "deixar" nada, em estender um ato pontual em inúmeras possibilidades... Simplesmente "aniquilam" tudo e qualquer expectativa, tanto humana como comercial.

Aos que se apercebem deste fato, um mundo novo se descortina à sua frente, são produtos, serviços, *joint ventures* e realizações que não param de se multiplicar.

Por que reduzir a um único momento o que pode ser uma vida? Por que tornar medíocre, ancorado na avareza, o ato de ganhar dinheiro?

O dinheiro é energia realizadora, portanto, divina, tem o poder da realização e não quer e não pode estar estagnado! Os negociadores humanos sabem disso, e por isso mesmo devem atentar para o futuro... o desdobrar... e para haver futuro, tem de se estruturar sólidas parcerias.

Não podemos achar que haverá um futuro, sem sólidos parceiros ao nosso lado, sem uma relação de confiança comprometida com uma sociedade mais justa para todos, com mais abundância e qualidade nas relações. Não teremos futuro, nem nos negócios, nem em nossas vidas pessoais, se não trabalharmos e estruturarmos os mesmos com nossas bases firmadas em fortes alicerces de confiança mútua e idéias concretas de qual é nossa missão neste mundo.

O futuro que nossos filhos herdarão será fruto da semente que plantarmos hoje, assim como o mundo que "herdamos" é resultado do plantio de nossos antepassados; é de nossa responsabilidade vislumbrarmos o mundo que queremos e assumirmos nosso quinhão para com esse sonho... Trabalhando por ele, acreditando nele e solidificando relações e parcerias para que um dia ele "aconteça"!

O mundo se globalizou e não há volta, esse sonho só será real quando tirarmos do papel o que é teoria e transformarmos em prática. Um grande passo é podermos "globalizar", mas não poderemos fazer isso se nos ativermos apenas aos negócios.

Se quisermos negociar nossos produtos e serviços com nossos irmãos de outras nacionalidades, precisamos derrubar nossas fronteiras culturais e políticas, superarmos nossa ignorância preconceituosa e aprendermos uns com os outros.

E para fazermos esse sonho se transformar em realidade, não há outro caminho a não ser o de sólidas parcerias e negociação humana!

–XII–

Negociando com objetividade serena

> *Quando perdemos o bom senso tornamo-nos autoritários e quando nos tornamos autoritários, perdemos a capacidade de visão e portanto, deixamos de ser negociadores humanos.*

Para sermos objetivos não precisamos ser presunçosos, arrogantes e inflexíveis.

Na verdade, quando assumimos estas posturas não estamos negociando, mas sim ditando regras, não pensamos em nossos clientes-empresas, que dirá no ser humano que está em nossa frente representado-os. Isso apenas demonstra nossa total incapacidade e inaptidão para lidar com pontos de vista antagônicos aos nossos.

A sabedoria que diferencia o negociador humano dos vendenciadores é: **buscar uma solução que contemple a todos sem impor nada, sem desconsiderar o que é importante para a outra parte e principalmente sem abrir mão de nosso objetivo maior.**

O negociador humano busca conduzir todo o processo de forma a contemplar as necessidades e exigências do cliente. Considerando cada ponto e firmando seu comprometimento para com os tópicos cruciais do mesmo, porém a cada consideração favorável ao seu cliente deixa claro que a empresa ou projeto que representa é de grande valor, poderá somar, e muito, a ele e que está disposto a ir até o último cume do planeta para concretizar a parceria, contemplando os pontos importantes para seu cliente, porém sem distanciar-se do seu objetivo final que é concluir o negócio.

Concluir o negócio, ao contrário do que se pensa, não é conseguir o que queremos da forma que queremos, mas sim de forma que contemple os principais interesses de nossos clientes, gerando recursos para eles e para nossas empresas, não significa nos ater apenas aos nossos objetivos, desconsiderando todo o resto, esta forma de pensar evita que vejamos o todo!

O negociador humano "pega" a informação, atém-se aos principais pontos de seu interlocutor e a devolve com os pontos que também lhe são importantes, com tamanha flexibilidade, que rompe qualquer barreira ou indisposição do profissional à sua frente. Quando somos flexíveis sem nos deixar ser pressionados, quando cedemos por estarmos interessados na parceria e não apenas por receio de perder o negócio, quando conseguimos atingir um grau de flexibilidade sem abrir mão de nossos objetivos, é que conquistamos nossos clientes e iniciamos uma relação.

O negociador humano não cede a pressões, pois se o fizesse, perderia sua força como negociador, mas sim tem a capacidade de flexibilizar o processo de negociação. É algo sutil, mas que faz toda a diferença no exercício da profissão.

Ceder à pressão significa vender a alma, por dois motivos

Primeiro: seu cliente realmente achará que você só quer o dinheiro dele, que quer a tal ponto, que cede às pressões, pois não sabe se haverá uma próxima vez.

Segundo: transferimos todo o nosso poder para o outro quando cedemos a pressões exacerbadas.

Quando somos inflexíveis nos tornamos incapazes. Se somos incapazes de ser flexíveis não conseguiremos certamente ver o que nosso cliente quer e portanto, seremos deficientes.

Quando precisamos pressionar para conseguir algo, significa que perdemos totalmente nossa capacidade de articulador e portanto nosso poder de negociador, mesmo que nosso cliente ou parceiro ceda, significa que poderá não haver uma próxima vez e o pior, assumimos para nós mesmos que tivemos que decidir sob pressão e conseqüentemente de forma míope e equivocada, desconsiderando tudo o que foi ou o que poderia vir a ser a relação no futuro.

O fato de haver tanta inflexibilidade no mercado nos lança ao "negociador-vendenciador implacável", aquele que desconhece as necessidades do cliente. Este conceito nos remete ao conceito dos militares, em que o mais forte vence impondo o seu jeito, a sua fórmula e maneira de ver as coisas, o que claro, nos impede de escutar e ver do ângulo do outro.

Evidentemente que as empresas não se atinam para isso, pois estão ocupadas com as metas a serem cumpridas, porém se dermos atenção a isso, poderemos não só cumprir, como superar toda e qualquer meta!

A dificuldade que se estabelece em uma mesa de negociação está exatamente na incapacidade de focar no que se quer sendo flexível. A princípio a maioria dos vendenciadores ocupa-se do que querem com tamanha voracidade, que se esquecem do que quer seu cliente. A subjetividade implícita em qualquer negociação acaba sendo desconsiderada, pois cada um à sua maneira desconsidera o que pode ser importante para o outro, o que resulta invariavelmente em uma não conclusão ou conclusão imparcial do que se pretendia.

Quando aprendemos a ser flexíveis mantendo nossos objetivos de forma serena sem exacerbações ou explosões, podemos escutar nossos clientes e expor nossa visão, a partir daí podemos flexibilizar o quanto quisermos, pois não perderemos nosso foco.

O que muitos profissionais acham, é que um negociador exemplar faz pouquíssimas concessões, um engano, pois negociar é saber fazer concessões, é saber ser flexível e não perder o foco. Quando sabemos aonde e por que queremos chegar a um determinado lugar, podemos pegar atalhos, subir e descer montanhas, que mesmo assim saberemos nosso rumo e alcançaremos nosso destino.

Ater-se a esse simples ponto tendo a mente aberta, nos possibilita conduzir o processo de negociação, atingindo nossos objetivos, cumprindo e superando as expectativas de nossos parceiros.

Ao entrarmos em uma negociação, devemos ter em nossas cabeças tudo o que podemos ceder sem comprometer os resultados para nossas empresas e projetos. Ao mantermos nossas mentes abertas para possibilidades durante o processo, podemos vislumbrar e nos deparar com possibilidades que poderão por si só superar nossa expectativa em relação a esta negociação. Quando enxergamos isso, não há porque não ceder, não flexibilizar, nada está exatamente onde parece estar porque tudo muda o tempo todo.

Se nosso estado mental é o de ceder, cooperar, veremos que tudo se torna mais fácil. Algumas pessoas assumem uma posição imperativa, quase rude, são notórios o medo e a incapacidade de negociar que elas possuem. Como não sabem lidar com a situação, partem para a agressividade dizendo que é tudo ou nada!

O negociador humano pode escutá-las, concordar com elas e após isso verá que elas deixam de se sentir ameaçadas e, portanto, ficam mais tranqüilas em relação ao negócio em questão, a partir daí podemos ir aonde verdadeiramente queremos com a negociação.

Se ficarmos atentos ao ser humano, poderemos ver o que lhe incomoda realmente, alguns precisam apenas sentir-se seguros de que estão fazendo o negócio certo, ou seja, o melhor para suas empresas. Estabelecer uma relação de confiança é fundamental para que o processo possa andar, não precisamos ter pressa, apenas nos manter em nosso foco.

Muitos profissionais, por terem pressa, acabam pondo tudo a perder, pois não entendem o tempo de maturação das propostas e sugestões feitas em reunião.

Existe ainda o fato de que para algo sair verdadeiramente perfeito precisamos afinar, tratar e lapidar; com a negociação é a mesma coisa.

Devemos lapidar artesanalmente tudo o que é dito e pretendido. Quando lapidamos algo, significa que descartamos o excesso e nos atemos à essência; tenha em mente que o diamante em seu estado bruto não brilha. Uma negociação é a mesma coisa, se formos inflexíveis, se fazer concessões é algo penoso, devemos então buscar um parceiro para negociar por nós o projeto.

O negociador humano não se atém a isso, mas sim ao fato de que, quanto mais lapidamos uma proposta, reunião após reunião, significa que estamos perto de atingir nosso principal objetivo, ou seja, concluir o negócio.

Realmente para algumas pessoas todas as vezes que fazem uma concessão ou flexibilizam, sentem-se como se estivessem sendo lesadas, como se estivessem perdendo algo que lhes pertencia.

Nada que é proposto ou escrito em um papel lhe pertence, pois se lhe pertencesse, você não precisaria de um cliente, parceiro ou patrocinadores. Propomos algo que pretendemos, que sonhamos, o objetivo maior está a partir de aceitar a nossa proposta e não antes.

Basta ater-se a isso e ficará mais leve lidar com as concessões, devemos nos fazer a pergunta: – O que pretendo alcançar se essa proposta for aceita? Aonde poderei chegar? A partir daí veremos que o objetivo maior não está em impor e concretizar a proposta em si, mas aonde ela, se aceita, poderá nos levar...

Por isso a necessidade do negociador de ter uma visão ampla e de ampliar cada vez mais seu espectro, pois só assim ficará fácil ceder, flexibilizar, e podemos ainda dar o prazer aos nossos interlocutores de terem a sensação de que tudo saiu da forma que queriam. Não precisamos definitivamente rivalizar com nenhum cliente.

O negociador humano tem ciência de que pode se ocupar dos resultados dos clientes superando suas expectativas e, ainda assim, criar uma rivalidade desnecessária que afetará a visão do mesmo sobre os resultados alcançados.

Não podemos esquecer jamais de que uma proposta é apenas uma proposta, ela é um meio para atingirmos um fim e não o fim em si.

Quando recebemos um *ok* em qualquer proposta de negócio, começamos a escalar uma montanha rumo ao sucesso que nascerá a partir dela e não nela especificamente.

Para isso não podemos ter um apego exacerbado no que propomos, devemos nos ater ao nosso rumo e defender nossos pontos importantes, principalmente quando o que está em discussão pode afetar nosso cliente diretamente. Muitas vezes nossos clientes por estarem com o foco em seus negócios ou no valor numérico da negociação, esquecem do valor conceitual agregado, na ânsia de baixar custos por parte do cliente e do vendenciador de aumentar valores, esquecem do objeto da negociação, seja produto ou serviço.

Isso pode ser desastroso para ambos os lados, por isso não podemos resumir nossa avaliação de uma negociação, só pelo fato de que conseguimos um valor numérico mais alto ou mais baixo.

Devemos analisar se todas as concessões que fizemos *(e claro, isso faz parte de toda negociação sem exceção)* não alteram os resultados finais, somente quando percebemos que podemos ameaçar o projeto se não insistimos em determinado ponto é que devemos ser firmes. Não podemos confundir firmeza com inflexibilidade e arrogância, apenas expomos os porquês não com conhecimento profundo do assunto, assim nossos clientes perceberão que estamos zelando pelos interesses deles e não por nossas opiniões pessoais.

A serenidade nesta hora é fundamental, pois precisamos explanar e evidenciar não a qualidade do produto e serviço, já que quando o fazemos somos "suspeitos", já que nossos clientes estão com a mente "armada" contra esse argumento, mas sim a importância que vemos em tal ação, no que ela resultará para suas metas internas, para o mercado e principalmente, para o futuro do negócio do mesmo diante de seus principais concorrentes. Quando temos a certeza e a confiança no que propomos, conseguimos fazer isso sem pressa e sem perder nosso rumo, não nos atendo, simplesmente, aos números envolvidos.

A objetividade é algo que pode ser atingido sem nenhuma imposição, porém não podemos ser levianos e deixar que tudo se resolva por si só.

Uma verdade é que todo cliente precisa e quer segurança para seu investimento! Muitos acham que essa segurança é apenas exata, ou seja, uma grande instituição, uma grande corporação, anos de mercado etc... Claro que isso é a segurança mínima óbvia e lógica. Mas a segurança que estamos falando é a que o negociador humano consegue passar olho no olho, frase a frase.

Não é à toa que após bilhões em dinheiro investido em tecnologia de informática nos grandes bancos, voltamos à Era do "gerente humano", aquele que conhece seus clientes pelo nome, sabe suas áreas de atuação, o perfil de investimentos que mais lhes agradam, entre outras coisas. Isso porque o ser humano precisa de segurança e esta só pode ser passada por meio de outro ser humano, não dá para passar segurança apenas com comerciais bonitos na televisão! Se adentrarmos em uma instituição e nos depararmos pura e simplesmente com máquinas, não teremos a segurança de investir nossas economias.

Negócios precisam de gente e gente não pode se transformar em máquinas de repetição de conceitos aprendidos em livros e salas de aula, um negociador humano não se atém às regras do mercado, mas sim aos reais receios de seus clientes e trata de dar-lhes segurança, sabe que há muito em risco, fora os valores, há o cargo, as idéias, as horas-vidas dedicadas etc., e alguém tem de avalizar isso e esse alguém é o negociador humano.

É ele quem tem a percepção imediata de onde está a maior insegurança de seu cliente e trata imediatamente de reforçar seu argumento deixando claro que entende e está atento à questão. Reforça tanto a segurança da empresa que representa, do projeto que negocia e da carreira que construiu ao longo dos anos, que sabe que tudo isso está totalmente ligado ao fato de cumprir o que se promete e de comprometer-se 100% com a segurança do investimento que propõe.

Um dos principais pilares de sustentação de êxito em uma negociação é a capacidade de transmitir segurança para o cliente ser humano à nossa frente. Nisso precisamos nos concentrar, pois mesmo quando a instituição, projeto ou empresa que representamos existe há anos e é claramente uma marca "sólida", se não transmitirmos a segurança necessária pessoalmente, não chegaremos a lugar algum.

O negociador humano torna-se o "avalista" da empresa que representa de tal modo que qualquer equívoco será a pessoa dele que sofrerá as sanções, pois a instituição que representa será secundária, pode até arcar com as responsabilidades legais, claro, porém é a responsabilidade pessoal que pesa e a quem os profissionais com quem se relacionou atribuirão qualquer insucesso ou equívoco, da mesma forma que atribuirão a ele a capacidade de trazer-lhes excelentes oportunidades e resultados quando tudo ocorre como deve, de forma excepcional!

É exatamente por isso que o negociador humano avalia todo e qualquer projeto de forma cautelosa, buscando lacunas que serão preenchidas por outras "cabeças pensantes", a fim de torná-lo não apenas bom, mas extraordinário!

É do negociador humano um dos votos mais levados em conta em qualquer projeto, exatamente pelo fato de todos saberem que lhe cabe a responsabilidade final de maior peso perante os clientes e parceiros, a responsabilidade de zelar pelos interesses deles sem descartar, claro, o de sua própria empresa.

Importante nos atinarmos para essa responsabilidade intrínseca no exercício da profissão, pois ao nos darmos conta, nos tornamos mais exigentes e cuidadosos, tanto na hora de nos comprometermos com alguma questão na mesa de negociação, quanto na hora de zelarmos pela qualidade de entrega do produto ou serviço negociado.

É por isso que o negociador humano preza tanto pelos interesses de seus clientes como de seus fornecedores. Se o negociador é um manuseador e realizador de sonhos, seus fornecedores são avalistas e construtores dos mesmos. Negligenciar este fato de tamanha importância pode e certamente significará o êxito ou fracasso de qualquer projeto.

Nenhum negociador humano ignora esse fato, assim como não podemos ignorar que só nos manteremos com sucesso nessa atividade, se formos exímios na arte de passar segurança para o profissional à nossa frente, um ser humano que como todos nós, teme por sua empresa, pelos recursos investidos em um determinado projeto e por fim pelo seu cargo.

Muitos que atuam nesta atividade atêm-se apenas a passar segurança para o cliente jurídico, isto é, a marca que está impressa no cartão, esquecendo-se infelizmente para eles, que "ela" não existe sem a pessoa sentada à sua frente; então buscam grandes números mercadológicos, gráficos, estatísticas e uma infinidade de coisas que têm por objetivo final transmitir segurança, esquecendo-se erroneamente que tudo isso serve para ancorar o projeto e são fases a serem cumpridas, mas que ninguém aceitará uma proposta pura e simplesmente por dados, mas sim pela segurança que quem os transmite consegue passar.

Negociar é a capacidade que cada um de nós possui de identificar oportunidades, transformá-las em projetos com objetivos claros a todos, minimizando os riscos e garantindo o investimento de nossos clientes e parceiros, comprometidos sempre com o retorno final dentro desta equação e atingindo os seguintes resultados:

Conceituais, Comerciais e Humanos!

E para conseguirmos isto, precisamos transmitir segurança inabalável, não há espaço para claudicarmos, para sermos inseguros e sem norte.

É fácil perceber quando um negociador está inseguro, ou ele dá voltas homéricas sem chegar a lugar algum esperando que o próprio cliente diga-lhe onde deseja ir... Ou para esconder sua própria insegurança *(talvez por descrença nele mesmo ou no projeto em questão)* torna-se arrogante e inflexível. Tudo isso deixa claro a não observação de onde está seu "poder" e ao fato de não se atentar para a necessidade humana do cliente que é claro, sentir-se seguro no seu investimento!

Para sermos objetivos não precisamos estar "adrenalizados" ou eufóricos, não precisamos ser insensíveis às questões de nossos clientes, não precisamos ser dogmáticos ou irredutíveis, tudo isso faz parte de nossa própria inobservância do que é verdadeiramente importante para nós e principalmente para nossos clientes.

Se para todo negociador o ponto alto é concluir o negócio em si, para qualquer cliente é a percepção de que não é exatamente só isso, que lhe interessa! Tem de haver um motivo maior... Algo que seja comprometido com a relação entre as empresas, a relação entre os profissionais e por fim o desenvolvimento de ambas as companhias envolvidas no projeto, bem como, em uma macrovisão, o próprio desenvolvimento do mercado em que atua.

Quando temos claro para nós mesmos nossos objetivos, não temos problema algum em flexibilizarmos, em buscarmos soluções e atendermos a certas exigências que porventura nossos clientes nos façam. O conflito interno se estabelece e migra para a mesa de negociação, quando não temos nossos macros e microobjetivos definidos. Daí qualquer solicitação que "fuja" às ações propostas nos causam pavor e receio de estarmos "dando" mais do que recebendo e isso não só dificulta, como inviabiliza a maioria das parcerias.

Defina o que quer e negocie com objetividade serena!

Não há porque não nos manter tranqüilos se sabemos para onde estamos indo. Quando sabemos isso o caminho escolhido não nos afetará, na verdade agregará conhecimentos, descobertas e valores novos sem ameaçar nossos objetivos, pois o que importa é para onde estamos indo e não exatamente qual caminho previamente traçado sem a menor possibilidade de improvisação, ajustes ou desvios estratégicos.

Não é à toa que muitos executivos brasileiros acabaram sendo valorizados e convidados a trabalhar em outros países que sofreram com inflações instáveis. O fato de sempre terem lidado com nossa, historicamente frágil, economia, deu a esses profissionais a capacidade de manter e superar seus objetivos em um país que era necessário fazer alterações a todo o momento em qualquer plano de ação traçado. Se essas empresas e profissionais que as representavam não tivessem muito claros seus principais objetivos e sua macrovisão, seria simplesmente impossível negociar e expandir suas idéias e companhias. Se fossem dados à inflexibilidade, à incapacidade de improvisação e à aceitação de desvios para atingir seu destino final, não teríamos algumas das melhores empresas do mundo nascidas neste país.

A negociação humana está diretamente ligada à capacidade criativa de todos nós. Se aceitarmos o lado humano da negociação e a criatividade artística que está implícita nesta profissão, encontraremos soluções em que nenhum outro ser humano encontraria.

E podemos fazer isso com a segurança exigida por nossos clientes, sendo ao mesmo tempo objetivos, serenos e seguros de onde estamos indo, porque estamos indo e quais resultados queremos alcançar com isso!

–XIII–

Rivalidade com clientes

Todo negociador humano busca a temperança que rege o Universo... portanto, nenhuma decisão extremista é digna de ser tomada, o que não quer dizer que o mesmo não tenha foco em seu norte.

Um dos erros mais comuns que se estabelecem em um processo de negociação e acontece por inobservância do negociador é a rivalidade com nossos próprios clientes, rivalidade que se dá, na maioria das vezes, no âmbito pessoal e que pode tomar proporções desastrosas!

Quando nosso interlocutor explana uma idéia baseada em seus conhecimentos, muitos buscam automaticamente contestá-la ou considerá-la, porém dizendo que ele em um curso mais atualizado ouviu uma abordagem diferente e que o conceito dito pelo cliente foi válido durante um tempo, mas que agora o "mercado" já não o utiliza.

Outra vez o cliente comenta uma viagem que realizou *(parece bobagem de criança e de fato o é, mas acontece o tempo todo)* e que conhece determinada cultura e que o país em questão é "assim ou assado", o vendenciador sente a necessidade de dizer que também esteve e que sua impressão é diferente da do cliente.

Outras vezes acontece pior, começa de forma sutil a dizer os lugares que conhece pelo mundo e, quando o cliente diz uma outra coisa, o vendenciador se faz presente de forma antagônica e deixa claro que não está "por baixo" e que sabe muito mais que seu cliente, que seus conhecimentos são superiores aos do ser humano à sua frente.

A rivalidade é nociva porque essas pessoas não se dão conta do que estão fazendo, é como se a mente enviasse-lhes um sinal que precisa estar "acima" do cliente, para serem dignos de confiança!

Outra vez quando se trata apenas de homens é o carro mais bonito, mais possante, mais caro, e por aí vai...

Claro que isso ocorre durante o processo de negociação, o que é péssimo para o objetivo em questão; ninguém quer um rival como parceiro, ninguém quer alguém que tem a necessidade de se sentir o senhor "sabe-tudo" o tempo inteiro ao seu lado.

O pior é que essas rivalidades nada têm a ver com o projeto em questão! É apenas nosso ego e nossas mentes que estão sem foco, é a incapacidade que os vendenciadores possuem de escutar... E quando cometem esta falha dão o primeiro passo contra tudo o que trabalham.

Na maioria das vezes nossos clientes seres humanos, cansados, estressados e sob pressão o tempo inteiro, só querem "comentar" com alguém fora de seu círculo a viagem que fez ou o curso que concluiu.

Claro que esses comentários vêm cheios de emoção e conceitos de suas personalidades, alguns são arrogantes, e se acham donos do mundo, outros se acham os mais inteligentes e donos da verdade e outros têm a necessidade excessiva de dizer o que possuem.

No fundo, querem apenas expressar-se e usam a linguagem que sabem, para demonstrar que "chegaram lá...", querem ser admirados por isso, nem que seja por um estranho que poderá se tornar um parceiro.

O fato de rivalizarem com seus clientes, é porque os vendenciadores também querem ser admirados, querem dizer que também "chegaram lá..." e acabam encarando o sucesso do outro como um "insucesso" seu. Se pudessem refletir o que fazem e se concentrar no cliente humano e jurídico, nada disso aconteceria.

Ser um negociador humano é buscar a empatia com os outros seres de nossa espécie.

Se conseguirmos "enxergar" como nossos clientes não será necessário rivalizarmos com eles.

Há ainda os que se fingem de "humildes", o que é péssimo, pois todo mundo percebe que é apenas um disfarce de sua personalidade.

Incrível como em uma mesa de negociação nossas melhores e piores qualidades aparecem! Um falso elogio a um cliente soa muito pior que uma crítica a seu respeito.

Essa rivalidade se dá por não haver foco por parte do negociador; quando há, ele escuta seu cliente, disserta sobre tudo e volta-se para seu norte.

Como as pessoas vivem de e para o "mercado" acabam por se sentirem muito sós, encaram como aprenderam, que todos são rivais, e incentivados pelo mundo corporativo, repetem essas atitudes no seu dia-a-dia.

Ao negociador humano resta entender isso: buscar uma visão humana sobre este cliente e não cair nesta armadilha que seu próprio ego lhe prepara.

Que bom é poder aprender uma nova forma de ver as coisas a partir da mente de seu cliente, que bom poder descobrir um restaurantezinho perdido nas ruas de qualquer cidade do mundo que ainda não conhecemos! Podemos ir a uma determinada cidade a vida toda e nunca termos atinado para tal lugar. Quando derrubamos as conquistas de nossos clientes humanos comparando-os e expondo-os às nossas próprias, podemos até provar que sabemos mais, que viajamos mais, que temos um carro mais potente. Mas de que isso nos ajuda? Em que isso pode somar à relação? Nada! Absolutamente nada!

É por isso que devemos escutar...

A rivalidade consciente ou não, trará danos à relação e pode comprometer todo o projeto.

Se o profissional à nossa frente sentir-se diminuído ou inseguro ao descobrir-se ancorado em conceitos ultrapassados, ficará com medo de que outros na empresa também percebam e isso pode ser um problema para o negociador.

Então, melhor aplicar nossos conhecimentos a favor do cliente do que alardeá-los a todos!

Ou mesmo se ele sentir-se "injustiçado" com seu salário e se deparar com o vendenciador "propagandeando" suas posses e seus feitos, o sentimento de insatisfação poderá gerar uma antipatia que se não levar a uma decisão negativa à proposta, certamente criará muitos problemas de relação ao longo do projeto e dificilmente se conseguirá uma parceria de longo prazo.

Apesar da profissão de negociador lidar com números e interesses mútuos, muitos vendenciadores insistem em dizer que estão acima do "gostar" de alguém ou de qualquer valor humano e que o bom profissional sabe separar as coisas... Tudo muito exato, muito teórico, já na prática é outra coisa.

Quando não nos simpatizamos com alguém, fica muito difícil criar uma relação duradoura, e quando somos o alvo desta antipatia, seja por qualquer motivo, torna-se quase impossível estabelecer uma parceria.

Todo negociador humano sabe que precisa de aliados dentro de qualquer empresa, alguém que acredita no projeto e no profissional que o está encabeçando. Como ficamos, se esta pessoa rivalizou conosco e se antipatizou com tudo o que dissemos?

Este profissional vai simplesmente desconsiderar qualquer arrogância, encarando-a apenas como característica da personalidade do negociador e que o mesmo oferece um excelente projeto e fará um trabalho exímio? Ou procurará outro fornecedor para suprir-lhe a necessidade?

Não devemos esquecer que o negociador de qualquer projeto lidará com o executivo(a) da empresa cliente diretamente. E se o projeto durar anos?

Somente alguém muito ingênuo ou com uma incapacidade de percepção muito grande não se atém ao fato de que é muito melhor trabalhar com pessoas que lhe são agradáveis à companhia.

Dá para imaginar um grande diplomata rivalizando com um líder de um país no conflito de quem detém mais poder ou tem mais cultura?

A rivalidade é como um "vírus", se não nos atentarmos a ele e nos vacinarmos, ao menor descuido nos "infectamos".

Quase todo mundo já passou por esta situação em uma sala de aula, quando o aluno(a) tem mais experiência ou conhecimento em uma determinada área que o professor e o mesmo não aceita isso, age como se fosse uma afronta direta à sua pessoa e considera que o aluno é apenas um aluno, nada mais.

Esta rivalidade é uma completa inaptidão dos "professores" de aprender com seus alunos e de focar no seu objetivo, que é transmitir conhecimento. Há casos de o professor assumir deliberadamente uma "guerrilha" particular com o aluno comprometendo o ensino, a relação e o futuro do mesmo.

Claro que nenhum professor quer isso, é algo que vai se apoderando e quando nos damos conta, já está acontecendo. É exatamente igual em uma negociação, se não observarmos, a própria atitude do cliente convergirá para este desfecho.

Muitas vezes essa rivalidade vem em nome das empresas que representamos, o negociador do cliente defende veementemente os valores, conceitos e tamanho de sua empresa. Muitos negociadores em vez de respeitar isso, fazem o mesmo, vangloriando-se do tamanho da sua e esquecendo que não estão em um concurso de "quem é o maior e melhor entre os dois", estão sim, diante de uma futura parceria!

Uma coisa é valorizarmos nossa empresa, produto, projeto, trabalho, a outra é compará-la com a dos outros e principalmente com a dos nossos clientes.

O simples fato de estarmos conduzindo a negociação sentados na sala de reunião de frente ao cliente em questão, já diz quem somos e o que fazemos!

Na negociação humana o que vale é o equilíbrio, não aceitamos deméritos com nosso produto e/ou projeto, mas também não podemos achar que somos superiores a nossos clientes e sairmos pregando isso como se fosse um evangelho.

Talvez seja exatamente por isso que tornar-se negociador humano é um grande desafio, pois devemos nos entender e mergulhar fundo na alma humana em busca do equilíbrio, somente assim, poderemos "ver" onde ninguém mais vê, encontrar soluções onde ninguém mais encontra e atingir resultados que ninguém jamais atingiu!

O equilíbrio é, sem dúvida, o grande aliado do negociador humano. Muitas vezes a equipe interna de nossas próprias empresas desconhecem isso, muitos empreendedores desconhecem isso completamente, tanto que em renovações de contratos e parcerias sempre acham que poderiam "tirar" mais.

Nos corredores das empresas muitos leigos na profissão tornam-se *(assim como na época da Copa todos viram técnicos da seleção)* exímios "opinadores", é normal ouvir frases de natureza duvidosa: "devíamos cobrar muito mais", "vamos aproveitar enquanto podemos" ou "se eles não querem aceitar, melhor oferecer para o concorrente".

Se negociadores humanos fossem ouvir e agir baseados em tamanhas besteiras não construiriam sólidas parcerias e negociariam grandes projetos.

Somente o equilíbrio traz força para uma negociação, e esse equilíbrio, muitas vezes, encontra fortes resistências internas e neste momento cabe ao negociador humano defender os interesses do cliente e da empresa que representa, pois se o negócio não se realizar por insensatez, todos perderão, inclusive os idealizadores e empreendedores do projeto.

Pode parecer absurdo, mas até mesmo na roupa que usamos, rivalizamos com nossos clientes, dificultamos o entendimento e obstruímos a comunicação!

O negociador humano se atenta para isso e sabe que, apesar do que diz o "mercado" ou quem quer que seja, não podemos usar um terno e uma gravata para negociarmos com um grande criador de gado que construiu seu patrimônio do zero e que faz questão de verificar sua boiada pessoalmente.

Como vamos negociar com uma pessoa ligada a valores e costumes diferentes dos das grandes metrópoles, senão nos "achegarmos" a ele?!

Precisamos nos sentir parte desse mundo e deixá-lo perceber isto, somente assim podemos estabelecer uma conexão que permita comunicarmo-nos claramente.

O pior é que muitos profissionais que se intitulam negociadores cometem grandes equívocos e não conseguem ver o porquê. Se estavam usando um terno de uma grife estrangeira, palavras e expressões em idiomas estrangeiros, tudo "certinho", por que não funcionou?!

Esqueceram que aos olhos desse homem eles pareciam ETs e ninguém quer negociar com estranhos.

Há ainda o "ganho" cultural, pois quando nos "aproximamos" desse homem com seus valores e costumes, conseguimos entendê-lo melhor, nos comunicar melhor e certamente negociarmos muito melhor, crescendo não apenas como negociadores, mas também como seres humanos.

Ao fazermos isso sem travas ou críticas ganhamos a confiança desse homem-cliente que buscará estabelecer uma relação de longo prazo com o negociador, não por ele representar o que ou quem representa, mas por ser quem é.

Esse interesse, de caráter quase antropológico, nos permite assimilar um conhecimento que em lugar algum aprenderíamos, nos permite compreender que as "verdades" dependem de quem e principalmente de onde elas são ditas. Descobrimos em nós mesmos a cada cultura "agregada" em nossos conhecimentos, a capacidade de compreender e nos fazer compreendidos por todos os lugares que passarmos.

O negociador humano está sempre atento a isso: desnudar-se dos valores do "mercado" ao se reunir com pessoas de outras regiões de nosso país ou de outras nacionalidades. Isso porque certamente esses valores só servirão para atravancar qualquer negociação.

Lembremos que essas verdades e valores dependem de como fomos criados e da política estabelecida no mundo dos negócios local.

Entrarmos com valores "importados" de onde vivemos em uma negociação em outra localidade pode e será fatal para os resultados pretendidos.

O negociador humano que preza por esta premissa guarda consigo o "segredo" de transformar chumbo em ouro, a capacidade de tornar possível o que sonhou... O que idealizou! Não se ater a isso é não só tornar-se presunçoso, como assumir o atestado de incapacidade de comunicação.

Em algumas culturas olha-se apenas para seus próprios valores e tenta-se impô-los ao resto do mundo. Basta olhar para nosso planeta que perceberemos no que essa atitude resulta.

Por mais que estudamos e nos especializamos, só atingiremos nossa potencialidade máxima, desconhecida até por nós mesmos, quando nos atinarmos para a verdade, que não existe uma única forma de agir, uma única forma de fazer o que quer que seja, e que simplesmente não existe uma única verdade absoluta!

O negociador humano não busca impor sua verdade, mas compreender todas as verdades, por isso desnuda-se de valores e conceitos e veste-se com o que há de melhor em si: a capacidade de absorver e aprender cliente a cliente, parceiro a parceiro.

Quando sabemos aonde queremos chegar, não precisamos nos ater a um único caminho traçado, podemos ir por estradas asfaltadas ou por uma trilha; podemos ir a pé, de carro, de avião ou de veleiro, mas o importante é sabermos aonde chegar!

O que nos dará toda a segurança para desnudarmo-nos do que sabemos é vestirmo-nos com o que estamos aprendendo!

O negociador humano não é assolado pelo medo, pois não está se desviando de seu "destino" e objetivos para com sua empresa, projeto e equipe, está sim, procurando por meio de sua metodologia de absolvição e negociação estabelecer uma forte e inquebrantável relação com seu cliente.

Um dos maiores inimigos de um negociador é, sem dúvida, o medo, o medo de não concretizar o negócio, o medo de não atingir as expectativas depositadas por todos em sua pessoa, o medo de falhar consigo mesmo e, principalmente, o medo de ter medo!

Este sentimento instintivo dentro de uma negociação pode ser considerado o "inferno mental" de qualquer um.

Vale a pena lembrar que o mesmo se dá com o ser humano-cliente à nossa frente. Ele é assolado a todo o momento pelo mesmo medo.

O que nos leva ao duelo inevitável deste sentimento destruidor e maquiavélico?

> *Tornamos-nos arrogantes quando temos medo, nos tornamos insensatos quando temos medo, nos tornamos inflexíveis quando temos medo, nos tornamos unifocais quando temos medo e por fim tornamo-nos irracionais quando temos medo!*
> *Quando medo temos, nos tornamos o próprio medo, e por que temos medo? Por que ele assola a todos na arte da negociação?*

Porque sentamos à frente do cliente querendo apenas "tirar" vantagem, porque o vemos como um gerente de banco que poderá financiar nossos objetos de desejo, porque esquecemos de pensar em nossa verdadeira missão, nosso verdadeiro objetivo junto a esse cliente, e por não observarmos estes valores, somos assolados pelo medo que sentimos conscientemente ou não, de sermos "descobertos" pensando apenas em nossas empresas, nossos projetos, produtos, propostas etc...

Esse medo leva o negociador a se apegar aos "seus" valores e a defendê-los como se deles dependesse o resultado do projeto em questão.

Esquecem na maioria das vezes, que esses valores ditos "seus", na verdade foram lhe ensinados pelo mercado e que se tornaram repetidores de valores que todos dizem serem os corretos sem ao menos questioná-los, sem levar em consideração os valores de seus clientes e principalmente sem considerar o fato que valores mudam de lugar para lugar.

A única forma pela qual um negociador humano pode execrar o medo, erradicando totalmente de seu ser este "câncer", é se importando verdadeiramente com o cliente e buscando com seu projeto, serviço e/ou produto, ser uma "ferramenta" em prol do mesmo.

É ajudando-lhe a atingir e superar suas expectativas, é tendo a coragem de acreditar no que está propondo, no que está sugerindo, isto é, acreditar no que negocia!

Quando acreditamos no que negociamos não temos a necessidade de nos "apegarmos" a valores mercadológicos de uma única região, não nos ancoramos apenas no que nos ensinaram na universidade e/ou nos cursos e treinamentos.

Podemos nos despir sem medo ou receio das "verdades" de onde vivemos e nos vestir com o conhecimento da cidade, região ou país onde vivem nossos clientes, possibilitando assim um aprendizado tanto profissional quanto de alma *(pois não há neste mundo um curso que ensine tanto quanto à própria experiência de aprender no dia-a-dia).*

Melhor que rivalizar com o cliente é poder dividir com ele experiências.

Quando estamos em qualquer grande centro de negócios do país ou do mundo, acabamos percebendo a "couraça" que todos vestem para lidar com o dia-a-dia.

Em um processo de negociação em que a maioria das pessoas se entra com uma certa tensão, uma das técnicas que funciona, e muito, é buscar uma "proximidade" com o cliente humano. Se notarmos de que região ele é natural, vale sugerir uma simpatia pela região ou cidade, buscar quando conhecemos o local, uma passagem agradável e reportar de forma amável a ele.

Em São Paulo e em grandes capitais do mundo não nos apegamos a esses "pequenos grandes valores emocionais", mas fora dessas metrópoles as pessoas são verdadeiramente apaixonadas por suas cidades e/ou regiões.

Se não conhecemos o local, vale manifestar de forma carinhosa a vontade de ir e conhecer sua cultura. Veremos o ser humano à nossa frente se "transformar", tornando-se amável e mais receptível, trazendo um "valor emocional" para dentro da negociação.

Não nos custa absolutamente nada e pode tornar a reunião muito mais agradável e, portanto, mais "leve".

O fato de ser negócio não significa que temos de estar "armados" e emocionalmente fechados para fazermos nosso trabalho. Se estamos ajudando nossos clientes a atingir objetivos, se nos tornamos parceiros na busca por fins em comum, podemos estar tranqüilos com nossa missão e seguir adiante como companheiros da mesma jornada.

Há pessoas que sequer se permitem sorrir durante um processo de negociação, que não se permitem expressar-se de forma simpática por acharem que isso fragiliza as suas posições dentro da questão. Um equívoco que custa a todos, mas principalmente ao próprio, horas-vida de desgaste e dificuldade na conquista de seus objetivos dentro do negócio, tornando nebulosa toda a comunicação e impossibilitando muitas das vezes a conclusão da parceria.

Ninguém se fragiliza por ser simpático e amável com outrem, isso é uma grande "armadura" para escondermos o medo e a insegurança durante o exercício da profissão.

Quando não nos sentimos seguros com o que queremos e propomos, quando acreditamos sermos inexperientes ou não temos a certeza de nossa competência, nos tornamos distantes e frios e buscamos passar uma imagem sisuda beirando a carranca.

Pura insegurança, que é o melhor fertilizante para o crescimento do medo!

Podemos sim sorrir e concluir negócios de milhares e milhares em dinheiro...

Podemos ser simpáticos com os outros durante uma negociação e nos manter em nossos objetivos. Na verdade quando nos deparamos com pessoas muito secas, podemos nos tranqüilizar, pois não sustentarão suas posições por muito tempo, se as mesmas souberem disso *(e espero sinceramente que saibam)* mudariam suas atitudes concentrando suas inteligências e energias na negociação e não na carranca, assim como o negociador humano deve se concentrar em seus objetivos e observar-se para não rivalizar com seu cliente de forma alguma.

Há nesta questão uma fragilidade a mais quando mulheres negociam com mulheres. Por serem competitivas por natureza entre elas, muitas das vezes isso migra para dentro do processo. Dá para imaginar o tamanho do desgaste assim como a dificuldade que enfrentam para concluir o que desejam?

Deixemos a rivalidade para certos jogos esportivos. A competitividade acirrada nos trouxe até onde estamos. E onde estamos? Estamos em um mundo onde construímos cidades no espaço e morrem aqui "embaixo" no planeta, milhões de pessoas de fome.

A rivalidade faz com que a diplomacia não seja verdadeiramente uma alternativa, e ainda hoje em pleno século XXI, se vê como única possibilidade para resolver conflitos o "pegar nas armas", a imposição do mais forte contra o mais fraco. A questão não é nos ater apenas ao que queremos, mas sim até quando insistiremos em "olhar" apenas para nosso próprio interesse? Até quando se imagina que a maioria, que é considerada por muitos os "fracos", agüentará esta situação? Estamos repetindo insistentemente o método utilizado há séculos, e por mais que o discurso seja bonito nos meios de comunicação, democracia só se vê aplicada quando os interesses dos mais fortes são satisfeitos.

Não devemos e não podemos manter no mundo dos negócios esta imposição, não apenas por ela ser obsoleta, mas principalmente por ela ser "burra" e estar com os dias contados, essa metodologia nos impede de ganharmos milhões em dinheiro e de crescermos no sentido mais amplo da palavra.

O capitalismo que muitos consideram o maior malefício da atualidade, na verdade pode ser o que libertará nações, distribuirá recursos e tecnologias para todos, tornando o mundo melhor para nós mesmos, seres humanos.

É tão óbvio e ao mesmo tempo tão distante... isso porque trouxemos para nossos escritórios, empresas e negócios as "regras" do Coliseu.

Nos comportamos ainda como gladiadores que precisam lutar pela sobrevivência e isso significa a "morte" do "adversário".

Definitivamente o negociador humano não precisa disso, definitivamente o mundo precisa deixar esse conceito no lugar onde lhe pertence, na história de nossa espécie.

Para ser lembrado como algo que não nos serve mais!

Devemos estudá-los não para imitar seus métodos como muitos executivos e corporações o fazem, mas sim para não repetir o mesmo erro.

Como podemos estudar uma estratégia militar de séculos passados, repeti-la e achar que estamos inovando alguma coisa?!

Se esta metodologia fosse infalível, onde estão os impérios que ruíram?

Não podemos mais aceitar que tudo o que construímos seja destruído por não percebermos o quanto é ignóbil a forma com que lidamos com os interesses alheios e os conflitos que se estabelecem diante dos nossos.

O negociador existe para evitar os conflitos, não fingindo que eles não existem, pois é por meio deles que evoluímos e transcendemos nossos limites, mas sim para buscar a multifocalidade e encontrar a solução para a equação, contemplando o interesse de todos os envolvidos.

E sim, isto é possível!

Basta nos concentramos na não rivalidade e "abrir" nossa mente e inteligências em prol deste objetivo.

Francamente, podemos achar que depois de tamanha evolução tecnológica, não consigamos encontrar uma solução para os conflitos de uma negociação, seja entre países ou entre empresas?

É importante nos atinar para o que realmente importa, a busca incansável da negociação perfeita.

Se enfrentarmos os conflitos sem rivalidade, encontraremos soluções que até nós desconhecemos.

Poderemos sair do "Coliseu" mental em que temos nos mantidos, poderemos enxergar pela primeira vez que o profissional sentado à nossa frente é um ser humano.

Que a empresa que ele representa não é um adversário, mas um parceiro que veio para somar e não subtrair.

Poderemos "ver" que a verdade está muito além do que entendemos como verdade corporativa e que podemos negociar, ancorados em um objetivo mais amplo, mais humano e muito, muito mais lucrativo!

-XIV-

NEGOCIAR BEM É CONHECER O SER HUMANO

Quando nos acomodamos com determinado método de negociação, disparamos inconscientemente o fim de um ciclo de sucesso.

EIS AQUI ALGO EM QUE A HUMANIDADE PRECISA SE CONCENTRAR e o negociador necessita buscar novas fronteiras incansavelmente, o conhecer... o mergulhar profundamente no que é ser humano.

Aprendemos de tudo nos cursos e livros, nos treinamentos e imersões, estudamos, fundamos instituições, criamos empresas, descobrimos tecnologias para tudo, porém nada sabemos a nosso respeito. Está na hora de voltarmos nossas inteligências como negociadores humanos para o "conhecer" dos nossos semelhantes e de nós mesmos!

Precisamos nos atentar para o fato de que tudo está dentro de cada um de nós e não externamente, que o que se "vê" materializado à frente de nossos olhos é o resultado da equação: forma que nos sentimos x o quanto nos conhecemos = resultados que alcançamos em todas as áreas de nossas vidas.

Se queremos nos tornar verdadeiramente negociadores, precisamos começar a nos atentar à necessidade de conhecer o ser humano.

Não conhecer gente, isso fazemos o tempo inteiro, precisamos começar a conhecer pessoas, seres humanos em suas essências... Quando fizermos isso teremos uma transformação em nossas relações corporativas e comerciais.

Precisamos começar a nos atentar que tudo está intrínseco no ser humano e quando ignoramos isso, não importa o resultado que obtemos será sempre inferior ao que poderíamos ter alcançado.

Esta "coisa" de "toma-lá-da-cá," nos remonta à metodologia de negociação aplicada pelos colonizadores europeus em nosso continente.

Esta imposição inflexível não nos parece em nada com o caminho que o mundo está tomando, é limitante e pouco inteligente.

Comparada a outras áreas, a metodologia de negociação pouco evoluiu na sua essência para não dizer: nada!

Vejamos a medicina, arquitetura e a ciência, tudo evoluiu de forma extraordinária. Por que será que a forma de negociar ainda repete sistematicamente os mesmos critérios e respeita os mesmos valores que há séculos?

Por que o ser humano ainda não se voltou para seu interior?... As pessoas ainda não sabem quem são e o que são.

Buscam suas respostas externamente e não em suas almas, em seus próprios valores, repetem o que aprenderam com os antigos e tomam isso como tábua da verdade absoluta.

Nossos antepassados, comparados à geração atual, estavam muito mais evoluídos na arte de negociar, pois utilizavam as metodologias que eram possíveis ser aplicadas na época e tinham êxito. Naquele momento de colonização e de poucos conhecimentos, lançavam mão de tudo o que sabiam e mergulhavam fundo em suas almas acreditando em seus sonhos...

Hoje em dia vemos empresas e profissionais repetindo o que se fazia antigamente e ainda se vangloriando disso.

O fato é que, apesar de milhares de cursos e estudos espalhados pelas universidades do planeta, pouco se conhece do interior do ser humano. E quase nada é considerado e aplicado em um processo de negociação no que tange ao "conhecimento da alma humana".

O mundo corporativo, sobretudo o mundo dos "vendenciadores", está quase que em sua totalidade, voltado para o exterior e não considerando em nada o que acontece "dentro" de cada um de nós durante o processo de negociação. Um equívoco que nos tem afastado de resultados surpreendentes e deixado de gerar milhões e milhões em dinheiro...

Se queremos nos tornar exímios negociadores humanos, precisamos aprender e nos atentar para o "conhecer" do interior das pessoas, começando, é claro, por nós mesmos.

Quando conhecemos as pessoas, sabemos exatamente como conduzir a negociação, ancorados nas respostas que elas nos dão durante todo o processo.

Não adianta sermos ansiosos, se nosso interlocutor é um ser humano dado a detalhes ou se já alcançou a melhor idade e por isso desfruta da sabedoria, na maioria das vezes, de não ter pressa...

Quando somos detalhistas com alguém que leva a vida "lutando" contra o tempo estamos trabalhando contra nossos objetivos, pois em sua maioria não se atém a detalhes e busca ser apenas objetivo com o que vê, não se voltando para o que está implícito na questão.

O fato de voltarmos nossas inteligências para o "interior" da humanidade e aplicar esse conhecimento para negociarmos nos permite eliminar equívocos e aumentar muito nossos resultados positivos, pois no "jogo" da negociação, baseado no que oferecemos e no que recebemos por isso, qualquer profissional da área poderá reconhecer que para cada cem *prospects*, se conclui em negócio fechado efetivamente algo entre 10 a 20%, o que já é considerado um excelente resultado se basearmo-nos nas metodologias que utilizamos atualmente no mercado. Imagine se conseguíssemos inverter isso, imaginemos que de cada cem, concluíssemos 80 a 90% das prospecções em negócios fechados e parcerias estabelecidas!

Gasta-se milhões e milhões de dólares em publicidade e *merchandising* e principalmente em prospecções, seja no varejo ou em negócios entre o *trade*, porém sabemos que se todo o nosso empenho se transformasse em negócio concluído, teríamos uma economia global melhor, fábricas melhores, universidades com cada vez mais conhecimentos e alunos para aprendê-los, uma vida muito mais digna para todos e a distribuição de riquezas seria equacionada de forma equilibrada nos quatro cantos do mundo.

As empresas, assim como os profissionais que nelas atuam, gastam muito dinheiro e horas-vida para concluir um negócio. Se pudéssemos inverter essa equação aumentando os resultados positivos, não ganharíamos todos com isso? Esse esforço não valeria a pena?

Não gastamos uma hora-vida sequer para conhecer o ser humano, não investimos um níquel para descobrir o que motiva nossa espécie na essência, e isto está deliberadamente afetando nossos resultados.

O negociador humano busca esta sabedoria de diversas formas, sabendo que todo o conhecimento que adquire em cursos e livros será ferramenta importante, porém para realizar algo que transcende os padrões, se valerá deste conhecimento que indifere de culturas, raças ou idiomas, que é o saber e o conhecer da alma humana.

Se gastamos em média cinco anos de nossas vidas aprendendo como atuar no mercado, não poderíamos gastar algum tempo para aprendermos como conhecer verdadeiramente os seres com quem lidaremos neste mesmo mercado e por toda nossa existência?

O negociador humano sabe que este "saber" fará toda a diferença em sua carreira e em seus negócios, aprender a conhecer seres humanos é uma tarefa que podemos fazer a todo o momento e em todas as circunstâncias, basta estarmos abertos a novos conhecimentos e principalmente aceitar que não somos os donos da "verdade" e que aquele ser humano à sua frente pode não parecer, mas tem muito a lhe ensinar, se você permitir.

Claro que para isso temos de vigiar nosso maior inimigo em uma negociação e nas relações com os outros seres humanos: nosso próprio ego.

É ele o principal responsável pela não conclusão da maioria dos negócios, é ele o responsável por acharmos que tudo sabemos e que nada mais pode nos ser ensinado, a não ser, claro, por uma instituição que nos dará um belo diploma com letras douradas que emolduramos e penduramos tanto em nossa parede do escritório como na parede de nossa personalidade.

Alguns profissionais levam essa parede virtual para a mesa de negociação. Nela estão pendurados diversos diplomas e certificados e ele faz desta parede sua verdade absoluta. Tornamo-nos arrogantes e fechamos qualquer possibilidade de aprendizado com o próximo quando agimos dessa forma; feito isso, paramos de prestar atenção no elemento mais importante para conclusão de uma negociação: o ser humano!

Para nos ater a isso, precisamos orientarmo-nos por alguns princípios que por si só, quando aplicados, poderão nos trazer grandes conhecimentos sobre os nossos parceiros em uma negociação.

Os princípios do negociador humano

• Preparar-se para a negociação de forma humana e não apenas exata.

Atualmente pré-ocupa-se muito com o discurso, a apresentação e com a tentativa de "decifrar" o que o outro pensa ou pensará durante toda a negociação. Ao fazer isso gasta-se muita energia com suposições e jogos matemáticos que não só não funcionam o tanto quanto se gostaria, como distancia-se ainda mais do que se quer, que é a aproximação e conclusão do negócio com o cliente.

Ao prepararmo-nos humanamente, atentamos para nossa apresentação e discurso, claro, porém nos desnudamos da artimanha egóica de "tudo saber" e de ser o "centro das atenções". Entramos desprovidos de pré-conceitos e principalmente com a mente e a alma abertas para o novo, o diferente... pois estamos em um território que não conhecemos ainda, o ser humano cliente à nossa frente.

• O negociador humano ocupa-se em superar as expectativas, tanto empresariais como humanas de nossos parceiros em relação a nossos serviços e produtos.

Já o "mercado" ocupa-se em atingir as expectativas do cliente diante do que se cobra por tal produto ou serviço.

• Na cabeça do negociador humano está o superar de objetivos de sua empresa e do cliente, bem como nas infinitas possibilidades que existem nesta relação.

Na dos profissionais "vendenciadores" o sentimento de trabalho realizado está no *ok* positivo do cliente e no cumprimento da meta!

• Na negociação humana o balancete é feito baseado na quantidade de relações que se multiplicou, nas novas oportunidades de negócios que surgiram e se realizaram a partir das relações existentes e isso aumenta não só o valor numeral do balanço como também o valor humano. Na "vendenciação" atém-se aos números do balancete apenas em valores econômicos, isto é, aumenta-se o resultado final em 30% e realiza-se, não se importando em nada, com a multiplicação das relações.

A matemática é simples, se há anos o "mercado" preza pela fidelização do cliente, há séculos os "vendenciadores" prezam por ganhar mais e dar o mínimo em troca, aumenta-se o preço e oferece-se a mesma coisa. Enquanto as empresas se lançam na busca de novos clientes para continuarem crescendo, os vendenciadores atêm-se apenas para o negócio momentâneo, perdendo a oportunidade de "eternizar" os lucros.

Se investirmos o mesmo tempo, dinheiros e humanidade na relação para com os seres humanos, podemos crescer, crescer, crescer... ao contrário do que acontece na maioria das empresas, onde se vivem relações de ciclos com seus clientes, elas atuam em um determinado ramo ou produto e depois mudam sistematicamente para outro que "dá" mais retorno.

O fato de os vendenciadores não se atinarem para isso, os faz repetir erroneamente esta atitude, sem questionar sua parcela de responsabilidade em tudo isso.

• O negociador humano sabe visualizar as oportunidades junto aos clientes com quem se relaciona, sabe que se quiser verdadeiramente obter resultados excepcionais precisará valer-se das relações e possibilidades que surgem a partir destas. O cliente-parceiro é um multiplicador de resultado, não atentarmo-nos para isso é dar as costas para o crescer verdadeiro de nossas empresas e carreiras.

No mercado entra-se na "luta" diária para conseguir novos clientes, novos negócios e atém-se muito pouco em manter o parceiro "dentro da casa". Claro que para fazermos esse movimento, temos de pensar nos interesses bilaterais, já que ninguém irá enriquecer ninguém sem participar da fortuna.

Se em nossas relações com nossos clientes tivermos um alicerce sólido, podemos desenvolver novos negócios com eles e ganharmos muito dinheiro com isso.

Porém, como atuam os vendenciadores do mercado? Extraindo tudo o que podem, e quando desejam desenvolver um novo negócio vão até um determinado cliente. Cliente este que nunca recebeu nenhum investimento humano, buscam-no como uma ferramenta que os possibilitem conseguir o que querem e quando não conseguem, ficam frustrados e indignados.

Esquecem que durante o tempo de negócios juntos investiram-se milhões no negócio e zero nas relações humanas. O resultado é o que se semeou...

• Um negociador humano age com todos da mesma forma, indiferentemente do cargo que ocupa ou da empresa em que trabalha, respeita o ser humano pelo que é, e não pelo que ele representa. Isto muda tudo, quando tudo muda, e tudo muda o tempo inteiro, apenas os que estão adormecidos pelas técnicas ultrapassadas da "vendenciação" não se apercebem.

Já os profissionais "vendenciadores" que ocupam um determinado cargo de pequena, média ou grande importância, em sua maioria, assumem um "ar" de superioridade, seja executiva ou intelectual, não investindo nada em seres humanos, e quando se despedem desse cargo *(já que emprego e cargo não é patrimônio de ninguém)* não sobrou sequer uma relação verdadeira para propiciar uma transformação a partir deste ponto em sua vida.

O fato de não se ocuparem em conhecer o ser humano faz com que qualquer vendenciador seja impossibilitado de ver da forma como seus clientes vêem, e isso influencia toda a negociação, pois quando não se consegue ver como o outro, se insiste em seu próprio ponto de vista. Como o cliente não se sente entendido, estabelece-se o conflito, que na maioria das vezes impede a conclusão do negócio.

- Ver as coisas como nossos clientes não significa fazer as coisas como eles querem, prejudicando com isso a lucratividade de sua empresa, significa sim evitar conflitos desnecessários atingindo os anseios deles. Isso diminui a tensão, pois quando nos sentimos compreendidos, relaxamos e é exatamente isso que o negociador humano faz. Não atendo-se a métodos ou conceitos pré-concebidos, não se atém a uma estratégia apenas, pois seu principal objetivo é concluir o negócio zelando pela lucratividade e retorno, tanto de sua empresa como de seu cliente.

Os vendenciadores concentram-se no que aprenderam e afirmam saber, não se ocupando do que podem aprender dia a dia com suas "relações", pois têm a certeza de que tudo sabem e o que ainda não sabem *(quando admitem não saber algo)*, poderá ser aprendido exclusivamente dentro de uma sala de aula, em um curso famoso ou em um livro de estratégia baseado no formato aplicado pelo próprio "mercado".

- Já o negociador humano, está aberto a aprender com tudo e com todos a todo momento, não dá ouvidos ao pré-conceito, pois acredita em algo maior... Acredita em formar seu próprio conceito sobre algo e isto o possibilita a aprender, não apenas a metodologia aplicada pelo mercado, mas a sabedoria que o ajudará a transcender-se profissionalmente; sabedoria esta que não pode ser ensinada em salas de aula e livros, mas sim por meio das relações com as pessoas.

Todos sabemos que um dos maiores investimentos de uma empresa, bem como o de um profissional responsável pela área comercial de qualquer organização, é o da conquista de clientes. É neste item que concentramos nossas horas-vida e nossos melhores investimentos, o que não apercebemos é que obtemos clientes do lado jurídico e perdemos os mesmos para as pessoas físicas que os representam.

Não "vemos" isso porque "olhamos" apenas para o cliente-empresa, imaginamos que é o produto, serviço ou claro, o preço e demais condições que são responsáveis pela "perda", mas a verdade que quase ninguém vê, é que o principal responsável pelo "declínio" dos mesmos é a falta de investimento humano no cliente.

Não podemos nos basear mais em "regras" estabelecidas há décadas, regras que trouxeram o capitalismo para onde está hoje. Porém não podemos conduzir nossas carreiras e negócios ancorados em conceitos ultrapassados. A própria "vida" do capitalismo tal qual conhecemos hoje, não sobreviverá se não aceitarmos que não é mais possível desconsiderar o valor humano nos negócios!

O negociador humano enxerga isso e, sem sombra de dúvida, será o profissional do futuro, pois o futuro dos negócios necessitará cada vez mais recorrer aos valores humanos para buscar diferenciais. Em um mundo informatizado os negociadores humanos serão "objetos de desejo" das companhias e organizações, o mundo só poderá evoluir com base na negociação humana, pois não haverá espaços para imposições e ninguém conseguirá se destacar utilizando métodos de vendenciação, pois tudo evoluiu e não compramos ou negociamos nada sob o jugo da imposição!

Muito em breve os produtos e serviços serão adquiridos por meio de todo o tipo de tecnologia disponível, até mesmo por celular! E o que fará a diferença? O que faz a diferença quando temos tudo, produto, preço e condições iguais? *(Que é o que acontece atualmente em alguns produtos eletroeletrônicos.)* O negociador e tão-somente o negociador!

Negociadores humanos enriquecerão suas empresas e se tornarão milionários graças ao poder de ser e atentar-se para o que todos somos: seres humanos!

A humanidade e por conseqüência o mundo dos negócios, se distanciou tanto disso nos últimos cinqüenta anos, graças à força da tecnologia e à ascensão dos "mercados", que esqueceu-se com quem e por que se negocia algo, se esqueceu que tudo gira em torno do ser humano. Senão, quem compraria nossos produtos e serviços?

Quanto antes os profissionais e empresas atentarem para isso, melhor para eles, pois suas chances de obter lucros e riquezas incalculáveis serão ilimitadas.

O planeta conta com bilhões de seres humanos, como os vendenciadores podem ignorar o fator humano em suas carreiras e atuações?

Como as empresas podem ignorar o que as levou a desenvolver produtos e serviços excepcionais?

Quanto mais tecnologia, maior a necessidade de humanidade nas relações de negócios.

O bicho homem precisa de contato com a natureza, com os animais, com a sua consciência, consigo mesmo e se identificará com o semelhante que tem esses valores implícitos em sua forma de negociar. Para se ter uma idéia do quanto o homem precisa desse retorno às raízes, desse contato direto com os outros, é só olhar para o que aconteceu com o mercado de atividades ao ar livre e para o turismo de ventura no Brasil e no mundo!

Não estou falando de competições esportivas, mas sim de atividades, sentar em frente a uma fogueira no meio da mata com alguns companheiros... Caminhar junto às árvores e abraçá-las, por que não? Tomar um banho de cachoeira ou assistir extasiado a um pôr-do-sol como o de Fernando de Noronha... Quem diria que um cidadão que dispõe de piscina em casa, no prédio, na academia, conforto e segurança, abriria mão de tudo isso para dormir em uma barraca ao relento?! Quem diria há trinta anos, que se pagaria para caminhar ou escalar uma montanha enquanto se pode ficar à beira de uma praia em qualquer *Resort* do mundo sendo servido?! Até os próprios hotéis de luxo tornaram-se algo sem humanidade aplicada, repetem atividades comuns a todos, impõem o que deve ser feito de uma forma sutil, carinhosa, elegante, porém "enlatada"! Com isso perderam todos! E obviamente outros ganharam! Ganharam os que tinham em suas essências de gestores o foco no ser humano, esses terão cada vez mais resultados extraordinários!!!

O negociador humano sabe que apenas a prática da humanidade nos negócios poderá e irá enriquecê-lo. O quanto antes aplicarmos essa metodologia de trabalho, melhor para nossos clientes que se sentirão parceiros, para nossas empresas, que poderão ver seus números ultrapassarem o imaginado e para nós, que enriqueceremos muito mais rápido!

Enquanto os "vendenciadores" nunca possuem tempo para seus clientes, a não ser, claro, se for vender ou comprar mais; o negociador humano faz deste tempo, dedicado a atender uma ligação de um cliente por estar com uma dúvida ou simplesmente por querer conversar sobre determinado assunto que não necessariamente é um novo pedido, seu maior investimento, o que gera mais dividendos a todos, pois são dividendos humanos, e esses potencializam os comerciais incomensuravelmente.

- Vendenciadores querem apenas vender e por isso limitam-se às metas cumpridas!
- Negociadores humanos querem se relacionar e por isso transcendem seus objetivos comerciais.

Por isso todos e quaisquer profissionais que atuem na área comercial devem buscar o conhecer do ser humano... Este "bicho" é fascinante quando atentamo-nos a ele verdadeiramente. Ele pode nos ensinar muito e nos ajudar a criar um mundo construído e idealizado para nós mesmos. Se quisermos construir países, empresas e carreiras "do e com futuro" devemos aplicar a humanidade em nossas gestões. Profissionais comerciais, mais ainda, pois só poderemos atingir e superar expectativas se soubermos como nossos clientes se sentem a respeito de algo, caso contrário, faremos o movimento apenas especulativo sem nada de concreto ou verdadeiro para firmarmonos. Esse movimento nos trouxe a todos até aqui, porém não nos levará ao futuro... Ao futuro pertence as relações humanas, os valores humanos e a aplicação de tudo isso em nossas empresas e carreiras. Este é o simples fato *(árduo para os de mente fechada!)* de aceitar a transformação de como atuar seguindo as necessidades dos clientes, e desta vez, a necessidade requer humanidade aplicada em nossas negociações. Da mesma forma que uma máquina de escrever por mais moderna que seja, não pode nos auxiliar no dia-a-dia de trabalho, as negociações e as gestões comerciais, desconsiderando as relações humanas, tornam-se obsoletas e portanto, sem grandes resultados, apesar das expectativas e investimentos para tal.

–XV–

A ESSÊNCIA REVOLUCIONÁRIA DA NEGOCIAÇÃO

> *Negociar, no final das contas, é sermos uma ferramenta nas mãos da inteligência universal... para a transformação do mundo ao nosso redor.*

O QUANTO ANTES ACEITARMOS QUE O MUNDO AO NOSSO REDOR MUDOU E COM ELE OS, ANSEIOS, hábitos, conceitos, exigências e as necessidades das pessoas, melhor.

O mundo mudou, e parte do mercado "parou", podemos olhar para todos os ramos de atuação e veremos que as grifes, lojas, bairros, cidades, destinos turísticos mudaram e por conseqüência os sonhos de consumo e expectativas das pessoas e empresas em relação ao que e como consomem, também.

Nas negociações mundo afora se deu a mesma coisa. O que acontece é que quase ninguém tem se atentado para isso, investe-se milhões e milhões de dólares em desenvolvimento de produtos e publicidade, enquanto as relações não só não recebem grandes recursos como não são incentivadas da forma que deveriam ser.

O profissional negociador que se atentar para isso pode e certamente fará uma grande revolução em sua carreira e em seus resultados financeiros.

Temos nós, profissionais negociadores, que buscarmos por conta própria esta atitude, esta revolução. Nenhuma empresa ou instituição poderá fazê-lo por nós, porém ao fazermos, poderemos provocar mudanças faraônicas onde quer que trabalhemos, no que for que empreendermos e onde quer que apliquemos esta nossa atitude!

A revolução dos negociadores humanos se dá primeiramente em nosso íntimo, em nossa forma de pensar e agir para com os outros de nossa espécie e com nossos clientes.

Esta mudança requer derrubarmos valores enraizados por décadas em nós e no mercado, apesar de no primeiro momento ser um movimento isolado e que apenas os profissionais em atuação o sentirão, logo após mudarmos nossa atitude veremos que nossos clientes também mudarão conosco.

Quando fecharmos nossos resultados pessoais no final do ano é que perceberemos o quanto esta mudança de atitude e na forma de negociarmos valeu a pena.

Esta "onda" de abundância que "cairá" sobre todo o planeta só acontecerá se nós mesmos provocarmos, não haverá um governo, um sistema ou um messias que o fará por nós.

Se quisermos mudar alguma coisa em nossas empresas, vidas e mundos, temos de assumir nossa responsabilidade com esta mudança. Não haverá ninguém cobrando-nos por isso ou exigindo, não podemos mais responsabilizar a empresa, chefe, patrão e governo.

Somos nossa própria mudança! Somos uma partícula, que apesar de pequena, de extrema importância neste vasto universo que nos cerca...

Se sonhamos pela paz, devemos trabalhar pela paz! Não dá para sonhar com a paz e comprarmos uma arma para nos proteger.

Se sonhamos com a abundância financeira, devemos nos comprometer com esta mesma abundância! Não dá para sonhar com abundância e sermos mesquinhos com nossos colaboradores e semelhantes!

Se sonhamos com nossas empresas e instituições crescendo e se disseminando pelo país e pelo mundo, devemos trabalhar para que nossos clientes e parceiros também cresçam, pois se acreditarmos em algo e não fizermos nada para que este "algo" se realize, a quem ou de quem poderemos esperar esta realização?

A Deus em todas as suas formas e nomes pertence o Universo, a nós nos foi dado o "poder" da mudança e da realização, só que para isso devemos fazer a nossa parte.

Há os que esperam mudanças sentados de frente à televisão! Há os que esperam sentados em seus escritórios e só fazem reclamar, há os que aguardam em seus templos e há os que apenas se lamentam.

Aonde queremos estar? Aonde devemos estar?

Homens e mulheres, somos todos iguais e não há no planeta os que não tiveram altos e baixos em suas vidas, os que não lutaram com adversidades, mas nem por isso deixaram de realizar grandes feitos!

Acreditemos em nossos sonhos e incluamos todos nisso.

Aos que materialmente já se realizaram, saiba que isso tem um motivo maior... Que se seus sonhos transcenderam os bens materiais, ótimo, ajude o próximo, a todos os próximos!

Se o mistério da criação lhe atribuiu isso, certamente é por algum motivo e você pode fazer a diferença neste mundo, deixá-lo melhor, deixar a sua contribuição.

Se você ainda não participa deste grupo que já realizou e busca a transcendência dos sonhos materiais para algo maior, saiba que pode e irá, desde que se comprometa com isso! Há neste mundo riquezas para todos e haverá cada vez mais! As riquezas materiais não acabarão, mas se multiplicarão infinitamente, cabe a você saber de que forma quer participar disso.

Suas atitudes se refletirão em você mesmo. Não há nada contra você, nenhum ser no Universo pára e escolhe aleatoriamente alguém para infligir amarguras e equívocos tanto pessoais como profissionais, tudo o que nos acontece é por algo maior, inclusive sucessos e insucessos.

Mudemos de atitude interna e para com os outros e tudo começará a se transformar ao nosso redor. O porquê isso acontece deixo a você e suas crenças, mas para mim é simplesmente o equilíbrio do Universo...

Esta conversa de que só os que são desonestos e mesquinhos se dão bem, não só não é verdade como é uma forma de justificarmos para nós mesmos nossas incapacidades e desonestidades. Quem inventou isso, deve ter sido alguém que, ou muito tirou dos outros ou nada teve. Dá para achar que toda a riqueza deste país e deste planeta foi gerada por pessoas desonestas e mesquinhas?

Dá para acreditar que todo cientista, empreendedor, artista, médico, caminhoneiro, chefe de cozinha, músico, negociador e tantos outros tenham construído riquezas roubando de alguém?

Não lhe parece que isto é um discurso conformista e derrotista?

O fato é que ficar rico dá trabalho! A questão é: você quer apenas ficar rico ou quer gerar riquezas e realizar sonhos seus e dos outros e com isso ajudar a transformar o mundo? Por que querer apenas ter uma montanha de dinheiro e não realizar nada?

Se o objetivo for este, saiba que não haverá nenhum empenho das forças do mistério nesta direção. Agora, se o objetivo for transformar para melhor tudo e todos, você terá cúmplices ao seu lado durante toda a jornada, porém saiba que não é pequena, mas, indescritivelmente gratificante!

Mesmo que haja e realmente há, algumas pessoas que se intitulam "poderosas" pelo cargo que assumem desonestamente e que não sabem utilizar o "poder" transformador das riquezas em prol de si e de seus semelhantes, o fato da mídia de massa alardear pelos quatro cantos os feitos e desfeitos destas pessoas nos dá a sensação de que somente os desonestos e mal intencionados alcançam algo, uma grade mentira!

Homens e mulheres mundo afora não só geram riquezas para si como para os demais, porém ninguém expõe isso à mídia.

Se tivéssemos um noticiário todos os dias apenas das atitudes benevolentes e em prol dos outros, teríamos muito mais manchetes que as que vemos, que, diga-se de passagem, são de uma parcela minúscula da humanidade.

O que será que faz os outros bilhões e bilhões de pessoas mundo afora?

Será mesmo que estão pensando egoisticamente e de forma vil?

Será que todos querem galgar a ascensão profissional e material e fazem isso sendo algozes de seus semelhantes?!

O fato de não sabermos isso, é graças à forma equivocada que a mídia trata os grandes feitos humanos!

Acreditemos ou não, há neste momento vidas sendo salvas enquanto eu escrevo e você lê este parágrafo, há neste momento alguém dedicando suas horas-vida para fazer um parto e possibilitar outro ser humano vir ao mundo, há neste exato momento grupos de pessoas em algum lugar do planeta trabalhando arduamente na busca por vacinas e curas de doenças que assolam a humanidade, dedicam suas vidas a melhorar a qualidade de vida da humanidade e muitas e muitas vezes sequer, farão uso próprio de suas descobertas.

Neste momento há uma usina e trabalhadores nesta mesma usina produzindo energia para seu e meu conforto.

Há pessoas gerando riquezas e transformando sonhos em realidade. E ainda insistem em nos dizer que só os desonestos é que se dão bem?!

Ninguém mudará a sua vida por você e sabe por quê? Porque você não precisa, tudo o que precisa está em você, mude sua atitude, mude sua forma de agir e negociar, pense no que é melhor para todos e não apenas para você e verá o que é o milagre da multiplicação!

Vamos dar as costas ao conformismo, vamos fazer a revolução que nunca foi feita, e essa não é com armas e manifestações apenas, pois essas atitudes são fáceis de serem feitas e não provocam nenhuma mudança significativa. São bonitas de serem ditas, são apreciadas pela mídia e por políticos, nos dão um "ar" de revolucionários, mas não nos levam a lugar algum.

É só olharmos a história da humanidade e ver aonde o pegar nas armas nos trouxe!

A revolução que nunca foi feita é a revolução interna. A única revolução que podemos realmente fazer é em nós mesmos, e por isso mesmo a mais difícil. Todos queremos enriquecer nossas empresas, nossas famílias e nossas instituições, porém ninguém quer ceder para o outro também enriquecer.

Quais os negociadores que têm a coragem de dizer que querem enriquecer os outros?

Não o fazem porque acham que enriquecendo o semelhante estarão perdendo algo, e isto é um grande equívoco. A riqueza destinada a cada um de nós é nossa e fruto do nosso empenho, não é evitando que outros ganhem que enriqueceremos mais e sim o contrário.

Se assumirmos uma postura mesquinha com os outros, alimentamos nosso inconsciente com essa atitude e geramos miséria ao nosso redor.

Já reparou como há sempre grandes revolucionários, líderes, políticos, religiosos, empresários dizendo como se deve agir? Pois é fácil dizer como os outros devem agir, o difícil é agir e revolucionar a si próprio. Por isso devemos buscar o autoconhecimento e nos revolucionar!!!

Vivemos em um momento importante, pois estamos no início de um século e no início de um novo milênio, vivemos a Era da internet, que democratiza o conhecimento, o que antes era privilégio de poucos. Vivemos a Era do encurtar das distâncias de todas as formas. Uma verdadeira revolução externa, que não sentimos, pois ou as pessoas estão olhando para trás *(o negócio que fechou anos antes quando eram mais jovens, quando suas empresas eram únicas e não havia concorrentes)* ou estão olhando para o futuro *(quando tiver mais dinheiro farei tal coisa, quando minha empresa for maior aplicarei esta metodologia de gestão ou quando eu fundar minha empresa, já que agora trabalho na empresa ou projeto dos outros, agirei desta forma).* Não, não e não! Devemos aplicar e fazer o que quisermos agora!

O momento é agora!
O passado foi ontem e o futuro é hoje!
O melhor momento para mudanças é agora!
O amanhã não existe e nem o ontem!

Como a maioria das pessoas espera para mudar algo quando suas vidas mudarem, nunca mudam e afogam-se no lodo do conformismo.

Estamos vivendo dentro do capitalismo, o que significa que se soubermos usufruí-lo a nosso favor e dos nossos semelhantes, podemos realizar e transformar o que quisermos, pois o capitalismo não é o consumismo.

O consumismo exacerbado é o mau uso do sistema em que vivemos.

O capitalismo nos propicia distribuir riquezas e a negociação humana nos proporciona a geração destas riquezas e a realização de todos os sonhos. Poderia haver melhor momento para se viver?

Basta mudarmos nossa forma de agir, pensar e sentir, que tudo se transformará.

Da mesma forma que olhamos com orgulho para os homens e mulheres que fizeram diferença nos séculos passados, olharão e se orgulharão de você em 2108.

Você está vivendo em um momento único, poucas pessoas tiveram a possibilidade de nascer em um século e viver também num outro. Você é uma delas e isso tem um motivo maior, acredite ou não, aperceba-se ou não, mas o fato é que você está destinado a fazer diferença na sua vida, na das pessoas que você ama e na dos semelhantes com quem se relaciona.

Basta você saber se aceitará ou não este desafio! Se assumirá a revolução interna que tanto almeja externamente dos políticos, chefes, patrões e clientes com quem negocia.

Ninguém poderá lhe dizer exatamente como agir, pois se o fizesse estaria prometendo algo que não possui, porém se você como negociador humano em todos os aspectos de sua vida ouvir sua alma, saberá o caminho a seguir.

No processo de negociação humana, expressei estas palavras que iluminaram na prática o meu próprio caminho... Presenciei esta revolução e esta geração de riquezas na vida de muitos profissionais e empreendedores. Este "milagre", acredite, acontece com todos, basta acreditar, trabalhar e principalmente mudar...

Ao negociador humano que habita em você

- Não proponha o que não acredita!
- Não peça o que não faria!
- Não ouse aonde não iria...
- Aceite apenas o que proporia.
- Proponha só o que aceitaria!
- Respeite o que não conhece.
- Conheça o que desconhece.
- Conheça o que respeita!
- Busque novas fronteiras...
- Desafie só a si mesmo!
- Simples: Respeite e será respeitado, desrespeite e será esquecido!
- Na dúvida, não fale!
- Aja após pensar...

- Saiba aonde quer chegar e chegará!
- Ouça a todos, mas escute só o seu coração!
- Em uma negociação escute a intuição...

> *No vale, na vida, nos negócios, o que importa é a audácia de sair da mesmice, e isso às vezes significa ir de encontro às idéias preestabelecidas*

INFORMAÇÕES SOBRE NOSSAS PUBLICAÇÕES
E ÚLTIMOS LANÇAMENTOS

Cadastre-se no site:

www.novoseculo.com.br

e receba mensalmente nosso boletim eletrônico.

novo século®